中国式现代化的城市软实力建设

The Construction of Urban Soft Power in the Chinese Path to Modernization

胡 键 著

長江出版傳媒 | 湖北教育出版社

图书在版编目（CIP）数据

中国式现代化的城市软实力建设 / 胡键著. -- 武汉 ：湖北教育出版社，2025. 7. -- ISBN 978-7-5564-6343-5

Ⅰ. C912.81

中国国家版本馆CIP数据核字第20256FL940号

ZHONGGUOSHI XIANDAIHUA DE CHENGSHI RUANSHILI JIANSHE

中国式现代化的城市软实力建设

出 品 人	方　平	策划编辑	张元元
责任编辑	张元元	责任校对	李庆华
封面设计	吴　恒	责任督印	刘牧原

出版发行	长江出版传媒	430070　武汉市雄楚大道 268 号
	湖北教育出版社	430070　武汉市雄楚大道 268 号
经　　销	新　华　书　店	
网　　址	http://www.hbedup.com	
印　　刷	武汉精一佳印刷有限公司	
地　　址	武汉黄陂新十公路丰达产业园 3 栋	
开　　本	787mm×1092mm　1/16	
印　　张	14.75	
字　　数	167 千字	
版　　次	2025 年 7 月第 1 版	
印　　次	2025 年 7 月第 1 次印刷	
书　　号	ISBN 978-7-5564-6343-5	
定　　价	56.00 元	

目　　录

前　言

就我的研究方向而言，城市绝对不是我研究的对象，当然，农村也不是我的研究对象。然而，无论是农村问题还是城市问题，我都或多或少地有些关注。这与我自己的经历有很大的关系，我是从农村进入城市并通过知识改变命运的人之一，在农村的时候主要关注农村问题，对农村的生活、农民的命运、农业的发展问题充满各种忧虑。即便是在城市读书也一直关注这些问题。后来完成学业正式留在城市工作后，便开始接受城市文化的洗礼，我的关注点也逐渐从农村转向了城市。当然，这种身份的转变也会使我身上发生乡村文化与城市文化的激烈冲突。不过，毕竟是“喝过墨水”的人，从一种文化转型到另一种文化并不痛苦，反而总是欣然接受的。在这个转型中，我不断地学习，自己的重心也主要是观察城市、学习城市，以便更好地融入城市生活。这就颇似毛泽东同志在七届二中全会的发言所指出的那样，“党的工作重心由农村移到了城市……必须用极大的能力去学会管理城市和建设城市的问题”。当然，我的专业领域、研究对象从来就不是城市，城市只是我生活、工作、研究的环境，因此我写这本书实际上完全是业余之举，并非专业之著。正因为非职业也非专业，因而写作起来就没有任何负担，非常轻松。不过，在写作中我也偶然地发现，中国共产党从西柏坡到北京、从 1949 年到今天，关于城市工作的确有几次重要的转型。

城市工作的第一次转型是“学会管理城市和建设城市”。这次转型是因为革命胜利，党的工作重心从农村转移到城市，需要学会管理城市和建设城市。在这个阶段，城市管理和城市建设的主要任务是发展经济。在相当长时期内，城市管理和城市建设是与经济发展相一致的；而且，与城市的“长大”与“长高”也是一致的。因此，在城市管理和城市建设的实践中，城市的规模不断扩大，城市天际线也不断拉高。尤其是在 20 世纪 80 年代后，随着大量农村劳动力进城打工，城市以加速度的方式在发展，其中包括城市规模、城市高度，以及城市经济发展等内容。这是城市建设取得的重大成就。然而，一个不争的事实是，城市秩序受到了农村劳动力涌入的冲击，加之各种“城中村”现象等，这一切使城市的容貌很难与城市文明相一致。也正因为如此，城市建设开始第二次转型。

城市的第二次转型是基于两个方面的考虑，一方面是城市产业水平的提升，破旧房屋等严重影响城市容貌；另一方面是随着经济的发展，人们对城市环境也包括对城市秩序的要求逐渐提高。于是，“城市管理”的概念逐渐被“城市治理”的概念所取代，但城市拆迁显得有些粗暴的手段和方式与“城市治理”的理念夹杂在一起；同时，城市发展与经济发展都进入快车道。因此，对“城中村”的治理，对城市秩序的治理，以及旧城改造过程中的某些不当行为往往被容忍，但城市发展中的矛盾也变得比较激烈。这也给城市治理者带来了很大的困惑，即城市发展、经济发展与城市秩序、城市稳定之间很难做到平衡。这种情况最初或许是可以容忍的，但城市的可持续发展可能会受到掣肘。这些问题促使城市进入第三次转型。

城市第三次转型的内容就是从经济城市向文化城市和智慧城市的转型。经济城市给城市塑造了高大伟岸的城市形象，但高大伟岸的城市形象如何才能在经受雨雪风霜后依然保持强大的吸引力，这就需要在城市的形象中嵌入思想文化的灵魂，也需要在不断老化的城市躯壳中赋予其技术的力量。硬实力的确能够让城市壮大，但思想文化才能够使城市永远具有强大的吸引力，技术则赋予城市强大的活力。既然城市是人类以某种政治目的聚居的地方，那么城市不仅需要有丰富的物资资源，而且还因为人类活动沉淀了被称为文化的东西，所以城市一定是有文化、有思想的。不过，人们长期以来对城市主要是满足于物质财富却忽视了文化思想元素。因而，思想文化的元素在城市发展中长期没有得到重视。然而，随着城市物质财富的不断丰富，城市居民对美好生活的追求已经从物质财富转向物质财富与精神财富并举的转型。正是在这样的现实需要下，城市开始越来越注重软实力的提升，其内容不仅包括挖掘城市的历史文化，而且还包括凝练城市精神、提炼城市品格、提升城市现象、打造城市品牌等。

城市的软实力是城市的内涵素质，也是城市吸引力的重要内容。城市本身需要不断发展，这就意味着城市需要活力。城市的活力至少体现在这样一些方面：一是以年轻人居多而体现出来的城市年轻程度；二是通过发达的技术而体现出来的城市发展活力；三是通过前面两者结合起来而产生的城市发展动力。年轻人是城市最重要的活力体现，一个老年化的城市只能说是居家养老的城市，而不会成为成就人生梦想的社会。从某种角度来说，年轻人的数量就是衡量一个城市年轻程度的重要指标。21 世纪的城市发展所依赖的东西绝对不同于历史上任何时代城市发展所依赖的要素，21 世纪的城市发展所依赖的根本要素就是技术，没有领先于世界城市的技术，那么这个城市就不可能说是充满活力的。换言之，城市的活力指数，除了年轻人的数量外，技术就是衡量城市活力指数最重要的指标。有年轻人同时也拥有先进的技术，但如果二者不能有效结合，那么也不能体现城市的活力。将年轻人与新兴技术有机结合，这样就会形成城市发展进程中的“巧实力”。

综上所述我们可以看出，首先，在经济处于贫困时期，城市软实力建设是可有可无的，也不可能得到重视。但是，在经济发展到一定阶段时，城市软实力建设自然被提上日程。当经济发展自身陷入瓶颈时，像是新冠疫情的冲击，世界经济遭受重创，作为国际大都市的上海，其经济也同样受到冲击。问题虽然出在经济上，但解决问题的钥匙却在经济之外的软实力上。因为，软实力往往对经济具有重要助推作用，使经济发展走出瓶颈。

其次，四十多年的改革开放和现代化建设使中国彻底告别了绝对贫困，而当经济发展解决了贫困问题以后，不同城市之间的竞争也必然转向城市软实力的竞争。当然，城市软实力的竞争绝对不像城市硬实力的竞争那样明显和直接，城市软实力的竞争往往是无形的、间接的，突出地表现为各大城市都将发展文创产业来提升城市软实力。而各大城市发展文创的过程中，不难发现它们首先都是以自己的历史文化作为基础的，要么是对自己的历史文化进行保护性开发，要么是对自己的历史文化进行“活化”保护，最终都指向以历史文化来打造文化品牌，以文化品牌来进行城市的战略传播，从而提升城市的知名度和影响力。可以说，文化是城市的生命和灵魂，是城市的内核、实力和形象；城市是文化的凝结和积淀，是文化的容器、载体和舞台；城市与文化是与生俱来、密不可分的统一体；文化更是城市的形象师，它雕塑着城市的内核也形塑着城市的风貌。

再次，城市软实力建设的内容非常广泛，但归根到底还是在于提高市民素质。一个城市不管有多发达，不管有多高大，也不管有多大规模，如果市民素质大多表现为心浮气躁、急功近利、诚信缺失、责任感缺失、人际关系冷漠等，那么这样的城市是不具有凝聚力、吸引力和良好形象的。因此，虽然是建设城市软实力，但实质指向的是市民素质的提升问题。城市的现代化固然是指物质财富和精神财富的极大丰富，城市现代化最根本的标志在于人的现代化。

那么，究竟如何评估城市的软实力呢？本书特地构建了一套评估城市软实力的指标体系，力图在一级指标上做到对城市软实力进行规范化，二级指标尽可能做到科学性和可接受性，三级指标将采用列举法、描述法，即列举那些被本研究纳入分析的指标，用来分析二级指标的发展状况。从城市软实力指标体系进入研究和政策领域以后，不少研究者试图就不同城市的软实力指标发挥状况进行排名，但这实际上没有任何价值，甚至会对城市发展的决策产生误导，以为城市软实力是用来排名的。但由于软实力指标体系非常复杂，任何指标体系都不可能做到完备，只能抽取其中的某些指标进行比较。然而，抽取不同的指标对评估结果的影响非常大。既然如此，那么排名就没有价值。笔者建立城市软实力的评估指标体系，目的在于盘点一个城市总体的“软”资源，特别是衡量一个城市哪些资源是正资源，哪些资源是负资源，从而能够扬长避短、查漏补缺，也可以更有针对性地来提升城市软实力的具体指标。当然，指标体系也可以对世界不同城市进行比较，但比较也不是为了排名，而是为了寻找到城市的优势和特色，从而更好地发挥优势、彰显特色。

关于本书，笔者作以下几点说明：一是本书绝非严格意义上的学术著作，写作相对比较随意，但也不得不体现研究的学术底蕴，特别强调指标体系构建的学术渊源。二是构建指标体系的目的是正确认识一个城市软实力发展现状，而不是对不同城市的软实力的发展状况进行排名；在指标体系的比较中，整体性的比较是不可信的，也是不可能的，某些单项指标可以进行比较，但其实际意义不大。三是本书既有理论关怀，也正视实际问题。尤其是在后面具体问题的研究方面，都是当下和未来城市发展中最重要的问题。当然，本研究不可能彻底解决这些问题，而是提出这些问题以便城市治理者作为参考。四是在结构上，本书前四章是理论探讨，主要是探讨城市软实力的理论、指标体系的构建，以及指标体系编制的意义。从第五章到第十一章从不同的角度考察当下城市软实力最重要的领域。由于城市软实力指标体系的确是难以全面覆盖，只能是选择最重要的领域来研究。

另外，作者在写作本书之前，曾主持并带领上海社会科学院一个团队已经就该问题进行了比较深入的研究，也积累了大量的数据和资料。因此，本书在材料上吸收了课题组成员的部分数据和材料，但观点都是本人学术研究的积淀。

胡键

于沪上嘉猷庐

2025 年 1 月

第一章

软实力研究在中国

国际政治学科及其基本概念都来自西方。20 世纪七八十年代，中国学术界开始引进这一学科，在如何对待这一学科的问题上，从一开始就存在着颇多的争论，甚至从学科刚刚起步的时候，国内学术界就开始探讨构建“中国特色的国际关系理论”的问题。1987 年，时任国务院国际问题研究中心总干事的宦乡先生在上海国际关系理论研讨会上就曾提出“建立一个有中国特色的国际关系理论”的主张。随后，梁守德先生也提出中国国际政治学理论应该突出“中国理论、中国学派、中国特色”是社会科学理论的内在规律性要求。① 但由于当时既没有理论基础，也缺乏相应的人才，因而宦乡先生也仅仅是一个倡议而已。正是这样的背景，从 20 世纪 80 年代开始，中国政治学科从国外翻译了大量的相关著作，也引进了大量的学术思想包括相应的学术概念。“软实力”这个概念经约瑟夫 · 奈（Joseph Nye）在 20 世纪 90 年代初提出来后，很快也被中国学术界引进来，从而开启了中国学术界有关软实力问题的讨论和研究。

一、软实力概念的翻译与使用

“软实力”（soft power）这个概念最初是由约瑟夫 · 奈提出的。他基于阿尔温 · 托夫勒（Alvin Toffler）的“权力结构变化”的判断来分析美国所面临的挑战，并认为“美国的问题与其说是另一个大国日益

① 梁守德：《论国际政治学的中国特色》，载《国际政治研究》1994 年第 1 期，第 15—21 页。

增长的挑战，还不如说是权力的普遍扩散”①。随着冷战的结束，权力日益依赖于教育、技术和经济发展等因素，而人口、领土、自然资源、经济规模、军事力量等在国际政治中的地位下降。当今世界是一个相互依赖的世界，所以国家安全的目标已经不能完全通过军事力量来实现，经济增长和生态问题对一个国家的安全具有越来越重要的意义。大国用传统的权力手段已经不能奏效，国际社会相互依赖的加深，跨国集团的增加，弱国的民族主义，工艺的扩展和政治问题的转变，都使权力发生变化。鉴于此，“国际政治性质的变化常常使无形的权力变得更加重要。国家凝聚力、普世文化、国际制度正在被赋予新的意义。权力正在从‘拥有雄厚的资本’转向‘拥有丰富的信息’”②。这就是约瑟夫·奈所说的软实力。约瑟夫·奈提出软实力的重要背景是保罗·肯尼迪（Paul Kennedy）1987 年在《大国的兴衰》一书中关于“美国衰落论”的辩论。当时，“美国衰落论”成为国际学术界所接受的主流观点，但约瑟夫·奈却认为美国的力量并没有衰落，而是权力的本质和构成发生了变化。美国不仅没有衰落，相反美国在信息、普世文化等方面依然得天独厚。③ 也就是说，约瑟夫·奈不仅是“美国衰落论”的坚定反对者，而且从当前的眼光来看，他对世界权力的认识无疑具有前瞻性，尽管当时美国主流学术界并没有接受他的观点。

---

① 约瑟夫·奈：《硬权力与软权力》，门洪华译，北京大学出版社 2005 年版，第 99 页。

② 约瑟夫·奈：《硬权力与软权力》，门洪华译，北京大学出版社 2005 年版，第 105 页。

③ Joseph S. Nye Jr.，“The Changing Nature of World Power”，*Political Science Quarterly*，Vol. 105，No. 2，1990，pp. 177-192.

哲人的睿智往往是能够隔空对唱的。在约瑟夫·奈提出软实力后不久，中国学者就对此给予极高的关注，并将这个当时并没有引起美国学术界所关注的概念引进到中国学术界。国内学术界最早引进这个概念的是中国社会科学院世界经济与政治研究所的黄苏，他在评估美国当时的经济与实力时，第一次把软实力纳入分析框架。一方面，他通过对美国的贸易逆差（美国从 1890 年一直到 20 世纪 70 年代，就始终保持贸易顺差，20 世纪 70 年代以后，美国开始出现贸易逆差）、债务（20 世纪 80 年代，美国从债权国已经变成了世界“最大债务国”）两个方面，分析了美国的地位，并指出 20 世纪美国投资地位出现了巨大变化，不能仅仅从“最大债务国”的传统理念来认识美国的地位；另一方面，他借用约瑟夫·奈软实力的概念分析了美国实力的变化，特别指出美国在信息实力、无形实力、融合性实力等软实力方面拥有强大的优势。也就是说，美国不仅继续保持着传统硬实力的优势，而且也拥有强大的文化等方面的影响力和组织能力方面的软实力。① 这是中国学者用美国学术概念分析美国的最早的案例。

值得注意的是，黄苏用的是“软实力”，而有的学者用的是“软权力”。不同的表述引发了中国学术界对这个概念的争议。从“中国知网”检索的情况来看，最初的研究者使用“软权力”居多。总的来看，在这个概念进入中国以后的十年里，国内学术界与美国学术界一样并不太关注。进入 21 世纪以后，这个概念在中国学术界逐渐升温，一方面用“软权力”来分析美国霸权扩张的全新方式。正如刘德斌所说，美国“软权力”在冷战后的迅速扩张加剧了全球化进程中的“美

① 黄苏：《怎样估价美国的经济与实力——逆差、债务、软实力剖析》，《世界经济》1991 年第 11 期，第 56—61 页。

国化”现象，同时也改变了大国之间竞争的方式和主题。[①] 朱锋在剖析了软权力与硬权力的内在关系后认为，一国的兴衰包含软、硬权力的兴衰，美国短期内能维持软权力的突出地位，随着其他国家软权力的增长、美国软权力的衰落，未来美国并不注定领导世界。[②] 另一方面，也有学者用软权力理论来分析中国和平崛起的内涵，认为约瑟夫·奈的软权力理论对中国和平崛起有重要借鉴意义，软权力正越来越成为衡量和评估中国国际地位的重要指标。鉴于此，中国的和平崛起进程和提升中国的国际地位，在相当大程度上取决于在增强硬力量的同时，要提升中国的软权力。[③]

不过，另外一批学者则更愿意用“软力量”这个概念，从“中国知网”检索发现，国内学术界最早使用“软力量”是庞中英，他在评述约瑟夫·奈《注定领导：美国力量变化了的特征》一书时，剖析了软力量的内在含义，并提出了关于软力量在国际关系理论方面的意义，尤其是关于如何界定软力量、它有哪些构成要素、世界是否存在软力量格局，以及软力量对国际关系的意义等，都是国际政治科学需要进一步研究的问题。[④] 而作为约瑟夫·奈的著作的翻译者吴晓辉、钱程在翻译《软力量：世界政坛的成功之道》时，关于如何翻译“soft power”这个词而声称与约瑟夫·奈进行了多次交流，还声明“软力

---

① 刘德斌：《软权力：美国霸权的挑战与启示》，《吉林大学社会科学学报》2001 年第 3 期，第 61—68 页。

② 朱锋：《浅谈国际关系理论中的“软权力”》，《国际论坛》2002 年第 2 期，第 56—62 页。

③ 刘阿明：《软权力理论与中国和平崛起》，《太平洋学报》2005 年第 12 期，第 55—63 页。

④ 庞中英：《国际关系中的软力量及其他——评美国学者约瑟夫·奈的〈注定领导〉》，《战略与管理》1997 年第 2 期，第 49—51 页。

量”的译法得到了约瑟夫·奈明确的肯定,并表示“软力量”这个词比较准确地表达了他的思想。[①] 这样,“软力量”之说就似乎获得了“正统性”。即便如此,实际上国内学者(含以中文发表的华人学者)使用“软力量”概念的依然远远少于使用“软权力”概念的。郑永年、黄仁伟、刘杰等在他们的研究中都使用“软力量”这个概念。郑永年对约瑟夫·奈的软力量学说进行批评,认为约瑟夫·奈把“软”与“硬”简单化地“一刀切”,这是不科学的。在此基础上,郑永年对国际政治中力量的“软”“硬”做了不同的诠释,认为国际政治中力量的软硬是一种相对而言的感知,要根据具体情况而论;同一种力量资源既可以表现为软力量,又可以表现为硬力量。在国际政治学里,软力量的范畴不能无限扩大,因而应该用动态思维看待国际政治中力量的软硬表现。[②] 黄仁伟等则剖析了中国软力量发展的结构性缺陷,指出这种力量失衡与新一轮“中国威胁论”产生的相关性。鉴于此,黄仁伟等指出,要根据中国国情和借鉴其他大国的历史经验来确定中国发展软力量的战略设想和目标定位。[③]

与“软权力”和“软力量”两个概念相比,“软实力”这个概念似乎在中国学术界的接受程度更大。一方面,从发表的成果来看,此表述数量远远超过前两者;另一方面,前文述及,“软实力”这个概念最早在 1991 年就在国内学术界使用。从发表成果的情况来看,阎

---

① 约瑟夫·奈:《软力量:世界政坛成功之道》,吴晓辉、钱程译,东方出版社 2005 年版,第 221 页。

② 郑永年、张弛:《国际政治中的软力量及其对中国软力量的观察》,《世界经济与政治》2007 年第 7 期,第 6—12 页。

③ 黄仁伟、胡键:《中国和平发展道路与软力量建设》,《社会科学》2007 年第 8 期,第 4—12 页。

学通、秦亚青、俞新天、门洪华、陈玉刚、郭树勇、胡键、陆钢、方长平等学者在2005年关于“soft power”的研究进入高峰期以后都使用“软实力”这个概念。这时关于软实力的研究逐渐系统化，而且都持有一种国家情怀来研究软实力，也就是在中国崛起进程中，不仅要正确评估中国的软实力发展水平，而且都强调要大力发展中国的软实力，这样才能确保中国和平发展的持久性和可持续性。①

尽管在概念的使用上不同，但从成果所展现出来的内容来看都是指向同样的内容。也就是说，翻译的争议并没有影响到概念内容的差异。也正因为如此，从“soft power”这个概念进入中国以后，迄今为止，概念的三种翻译表述都一直在被中国学术界使用，并没有引发相关学术思想的讨论，这就说明三种表述并无实质性的差别。

二、中美学术界关于软实力内涵的分歧

国内对软实力的态度是有相当大的分歧的。虽然在学术期刊上没有反映出来，但在这个问题的讨论上是有比较多不同声音的。一种观点认为，软实力是美国学者创造的，我们不能照搬过来。特别是在

① 阎学通、徐进：《中美软实力比较》，《现代国际关系》2008年第1期，第24—29页；门洪华：《中国软实力评估报告》（上），《国际观察》2007年第2期，第15—26页；门洪华：《中国软实力评估报告》（下），《国际观察》2007年第3期，第37—46页；陈玉刚：《试论全球化背景下中国软实力的构建》，《国际观察》2007年第2期，第36—42页；郭树勇：《新国际主义与中国软实力外交》，《国际观察》2007年第2期，第43—52页；胡键：《软实力新论：构成、功能和发展规律——兼论中美软实力的比较》，《社会科学》2009年第2期，第3—11页等。

“构建中国特色哲学社会科学体系”的背景之下，国内学术界有一部分学者有一种“惧外”心理，并主张使用“中国原创的概念”。然而，如果是西方的概念而拒绝，那么我们回顾中国哲学社会科学的发展历程，不仅众多概念源自西方，而且众多学科几乎是整体性地来自西方，尤其是关于市场经济理论的学科。我们无法否认这些学科为中国市场经济的建立和发展、为中国社会经济的发展等做出了重要贡献。另外，尽管这个概念源自西方，但其实际的运用，中国在两千多年前都已经非常普遍了，例如《周易》中有“君子以厚德载物”的说法，即只有品德高尚的人才能承载万物；《道德经》也说“上善如水”“天下之至柔，驰骋天下之至坚”；《孙子兵法》虽为兵书，但也强调“不战而屈人之兵”，等等。这些实际上说的都是软实力。只是当时没有提出“软实力”这个概念。不过，有学者根据《道德经》的思想而提出“柔实力”这个概念。[①] 这应该也算是中国学者的原创性概念，只是尚未引起学术界的关注。另一种观点认为，“软实力”源自西方，是约瑟夫·奈的原创，因此中国学者的研究一定要从理解原创者的本意开始研究，而不可偏离原创者的思想。这种观点显然又陷入了机械照搬的陷阱之中。首先，约瑟夫·奈的本意是什么?从他的著作来看，约瑟夫·奈的软实力并非用文化等软实力因素来塑造美国，而是在美国的硬实力所无法达到的地方，辅以软实力来“改造”。因此，尽管学术界将约瑟夫·奈归为新自由主义学派的学者，然而，他自己却说：“我会把自己定位成一个‘自由主义化的现实主义者（A Liberal Realist）’。我一直认为，无论自由主义还是现实主义都是不完整的理论。即便在罗伯特·基欧汉与我合著的《权力与相互依赖》一书中，

① 叶自成：《说柔、用柔、柔实力》，《社会科学》2017 年第 3 期，第 118—129 页。

我们也并没有摒弃现实主义理论，而是试图说明，在一个众多层面上都存在着复合相互依赖的世界里，单单用现实主义是不足以解决问题的。”[①] 从他自己的学术定位来看，约瑟夫·奈的软实力显然不是所谓的“同化力”，而是一种具有强制性作用的强制力。如果完全从约瑟夫·奈的原意来理解和研究软实力，那么对国家来说，最终的目标就是对外面进行文化“改造”。这绝对不适合中国，也会导致中国面临更加复杂的国际局面。

因此，中国学术界并不主张按照约瑟夫·奈的原意来理解和研究软实力，而仅仅是接受了“软实力”这个外壳而已。至于其内涵则完全是“中国化”了的东西。[②] 那么，究竟如何“中国化”了呢？

首先，概念的演变。正如前文所述，约瑟夫·奈的“软实力”概念在中国不仅在理解上是在演变的，而且在概念的使用上也是不断变化的。尤其是近些年来，由于在党和国家的文件中都使用“软实力”这个概念，因此，尽管在学者发表的成果中仍然有“软力量”这个概念，但“软实力”的概念显然在国内的接受程度更高、更广泛。不仅如此，由于约瑟夫·奈的软实力首要的内容是来自文化，特别是那些“在能对他国产生吸引力的地方起作用”，[③] 所以国内学术界特别强调文化在软实力中的重要地位。为此，国内一些学者将约瑟夫·奈的“软实力”概念阐发出“文化软权力”或“文化软实力”的概念。与

① 约瑟夫·奈、张哲馨：《自由主义化的现实主义者——对约瑟夫·奈的访谈》，《世界经济与政治》2007 年第 8 期，第 70 页。

② 郑永年、张弛：《国际政治中的软力量及其对中国软力量的观察》，《世界经济与政治》2007 年第 7 期，第 6—12 页；胡键：《文化软实力研究：中国的视角》，《社会科学》2011 年第 5 期，第 4—13 页。

③ 约瑟夫·奈：《软力量：世界政坛成功之道》，吴晓辉、钱程译，东方出版社 2005 年版，第 11 页。

前面关于“软权力”和“软实力”的讨论一样，最初国内学术界也是使用“文化软权力”这个概念。从“中国知网”的主题词搜索，最早公开使用“文化软权力”这个概念是在2006年初，文章认为，约瑟夫·奈虽然提出了文化是软权力的主要来源,但他并没有研究文化在哪些条件下可以成为软权力。作者指出，文化的软权力化需要三个条件：文化的传播能同化他人的观念和思维方式；他人观念的同化有助于本国战略目标的实现；在通过文化同化实现本国目标的过程中，国家的控制力得以增强。约瑟夫·奈所引为例证的美国流行文化的某些内容确实可以软权力化,但其他种类的文化大多不符合这些条件。因此，在研究对外文化交流的过程中，要去“泛权力主义”的色彩。[①]不过，对这种观点，从一开始就引发了争论，有学者指出，文化必须“软权力化”，当然文化的“软权力化”也是有条件的，即文化的先进性、国内有效运用的资本，以及强大的传播和辐射能力，特别是要借助大众媒介传播到国际社会中，只有这样，一国的文化才有可能提升为国际社会普遍认同的世界文化（或国际文化）。[②] 然而，“文化软权力”概念的使用在国内学术界受到冷遇，每年用这一主题词发表的论文都是在个位数上。而用“文化软力量”的概念发表的论文就更少了，所以在这里就不需要讨论了。相反，以“文化软实力”概念为主题词发表论文数量却呈直线上升，有些年份竟然达到一千多篇。从检索来看，2004年《文化报》和《解放日报》率先使用了“文化软实

① 陈玉聃：《论文化软权力的边界》，《现代国际关系》2006年第1期，第57—63页。

② 郭洁敏：《论软权力的基础、条件及其运用准则——兼与陈玉聃先生商榷》，《现代国际关系》2006年第3期，第54—59页；李智：《对文化软权力的一种传播学解释》，《当代传播》2008年第3期，第13—15页。

力”的概念，当年只有两篇文章，第二年就上升到 20 多篇，用得最多的是主流报纸，但也有一些学术期刊开始使用这个概念，不过主流的学术期刊尚未使用。到了 2007 年，主流学术期刊和主流报纸上的文章都大规模使用“文化软实力”这个概念。这一年召开的中国共产党第十七次全国代表大会在报告中第一次使用了“文化软实力”的概念。报告指出：“要坚持社会主义先进文化前进方向，兴起社会主义文化建设新高潮，激发全民族文化创造活力，提高国家文化软实力，使人民基本文化权益得到更好保障，使社会文化生活更加丰富多彩，使人民精神风貌更加昂扬向上。”从此以后，国内学术界普遍接受了这个概念，不仅相关的研究也不断深入，而且还把文化软实力视为中国发展战略的重要内容和当代中国强国的使命。[①] 也正因为如此，有学者指出，文化软实力是中国特色社会主义实践中产生和形成的创新话语，它既是中国共产党人在中国特色社会主义实践中做出的创新理论概括，又是推动中国特色社会主义实践强大的精神力量。[②] 一些学者进而指出，实现“提高国家文化软实力”的目标包括以下四方面的任务：同步发展物质文明和精神文明，彰显中华民族的国际自信力；统筹国内发展和对外开放，提升国家形象的国际亲和力；结合传统智慧和现代文明，扩大民族文化的国际影响力；推进文化创新和产业升级，提高文化产业的国际竞争力。[③] 鉴于此，有

① 唐代兴：《文化软实力战略研究》，人民出版社 2008 年版；陈正良：《增强中国文化软实力论要》，《浙江社会科学》2008 年第 2 期，第 87—92 页。

② 骆郁廷：《文化软实力：基于中国实践的话语创新》，《中国社会科学》2013 年第 1 期，第 20—24 页。

③ 童世骏：《提高国家文化软实力：内涵、背景和任务》，《毛泽东邓小平理论研究》2008 年第 4 期，第 1—8 页。

学者指出不能把提升国家的文化软实力简单地理解为是一种对文化的宣传、包装与推广策略，而应当把它作为一种文化的自我建构战略来落实。①

其次，概念的演变更反映了内涵的变化。从“软实力”到“文化软实力”的演变，不只是概念的变化，更重要的是内容的变化。约瑟夫·奈认为“软实力”主要来自三个方面，即文化、政治价值观和对外政策。文化和对外政策能够产生软实力，这是不容置疑的，但政治价值观能够产生软实力是需要讨论的。约瑟夫·奈所说的软实力并非从国家内部来分析的，而是从对外的角度来认识的。从国际关系的角度来看待文化的作用，文化具有可分享性的特点，“任何民族所创造的文化成果，一方面为整个人类文化的多重复合体增添了色彩，另一方面也为其他民族的成员贡献了可分享的精神财富”。② 但是，从国际关系来看，政治价值观是不可以分享的，如果要把一国的政治价值观“分享”给另外一国而成为软实力，极大的可能就是要求对方强制性接受，但强制性接受就不是软实力，而是现实主义的“改造”，是“负软实力”。从美国自冷战结束以后对外输出政治价值观的情形来看，如在独联体国家的“颜色革命”、“阿拉伯之春”等，原本是美国对外的“价值观改造”，以推行美国的价值观，但实际情况是美国的软实力受到严重伤害。这些情况与美国发动的阿富汗战争尤其是伊拉克战争的后果叠加在一起，的确导致美国的吸引力等相关软实力急剧

---

① 贾磊磊：《主流文化的体系建构与国家文化软实力》，《电影艺术》2008 年第 1 期，第 40—48 页。

② 童世骏：《文化软实力》，重庆出版社 2008 年版，第 17 页。

下降。[①] 与美国的情况不同，中国学者眼中的软实力特别是文化软实力完全是“中国化”的阐释。在中国学者看来，文化软实力来源于中国的传统文化特别是传统的人文精神，即“重天道”“法自然”“尚人道”的人本主义；反省自求、提升自我的内省主义；“尚中贵和”的“中和”思想；“克己复礼”的礼仪主义。这是“中国品格”所在，也是世界普存的“中国元素”，它们不仅彰显中国文化软实力的柔性一面，而且作为资源要素也为中国文化软实力提供源源不断的动力。[②] 从这些情况来看，中国学术界所论及的文化软实力内涵更强调国内社会的内化问题。因此，学者们大多把文化软实力与政治价值观和意识形态联系起来进行研究，认为提升国家文化软实力必须要以意识形态为引领，因为，意识形态对文化软实力具有“定责、定向、定性”作用；以意识形态为核心提升文化软实力的逻辑要求在于，保持意识形态的客观性、警惕西方意识形态的渗透、坚持社会主义意识形态的主导性；以意识形态为核心提升文化软实力的实践要求在于，坚持社会主义意识形态的对内说服力、对外影响力和全球竞争力。[③] 有的学者甚至认为，中国的文化软实力集中体现在党和政府的组织力、感召力、凝聚力、动员力，其灵魂则是社会主义核心价值体系。[④] 这种观

---

① 约瑟夫·奈：《软力量：世界政坛成功之道》，吴晓辉、钱程译，东方出版社2005年版，第37页；沃勒斯坦：《美国实力的衰落》，谭荣根译，社会科学文献出版社2007年版，第10页。

② 胡键：《文化软实力研究：中国的视角》，《社会科学》2011年第5期，第4—13页。

③ 王永友、史君：《以意识形态为核心提升文化软实力的实践逻辑》，《马克思主义研究》2015年第4期，第91—98页。

④ 张国祚：《关于中国文化软实力建设的几点思考》，《毛泽东邓小平理论研究》2012年第7期，第10—14页。

点虽然很难获得国际学术界的认可，但在中国的哲学社会科学话语体系之下却获得了合理性的接纳。这也可以说是“中国特色哲学社会科学话语创新”的重要表现之一。关于文化软实力国内社会内化的研究不仅用于对中国自身的研究，也有学者将这种方法用于对其他国家的研究上。例如，陆钢在研究美国的文化软实力的时候也有这种观点，他认为，美国外交决策虽然主要以军事、经济等硬实力手段实现战略目标，但文化软实力的作用不可忽视，尤其是在笼络各国人心、争取精英认同和修复国家形象等方面展现了强大的能力。美国文化软实力之所以强大，是因为它拥有比较灵活的文化体制和深厚的文化资源基础。① 与此相似的研究还有叶淑兰对日本文化软实力的研究、刘晓音对俄罗斯文化软实力的研究、刘笑言对新加坡文化软实力的研究、曾信凯对印度文化软实力的研究等。② 这些情况表明，关于软实力和文化软实力的内涵，中国学术界所指的与美国学术界所说的大相径庭。

再次，中国学术界对软实力和文化软实力的研究有较大范围的拓展和延伸。尤其是把软实力和文化软实力从国家战略的层面引入到一个地区、一个城市、一个单位或组织（主要是企业）等的研究上，从而产生了一系列相应的概念如“区域软实力”“城市软实力”“企业软实力”“执政党的软实力”等。关于“区域软实力”概念，学术界最

---

① 陆钢：《美国文化软实力的发展及其对中国的启示》，《社会科学》2015 年第 2 期，第 3—11 页。

② 叶淑兰：《文化软实力：生成与借鉴》，《社会科学》2015 年第 2 期，第 12—22 页；刘晓音：《俄罗斯软实力发展与国家形象的提升》，《社会科学》2015 年第 2 期，第 31—38 页；刘笑言：《新加坡文化软实力的制度载体与价值内核》，《社会科学》2015 年第 2 期，第 23—30 页；曾信凯：《印度崛起的传统文化因素刍议》，《社会科学》2015 年第 2 期，第 39—48 页。

早在 2007 年开始使用[①]，几乎在同时就有学者开展关于建立区域软实力综合评价指标体系的研究。[②] 实际上，国内从事区域经济研究的学者多少会涉及这个概念。与“区域软实力”相比，“城市软实力”概念在国内学术界的使用更加广泛。进入 21 世纪，“城市软实力”这个概念就与国内关于城市研究的情况相伴相随，也同样涉及建立城市软实力评价指标体系的问题。这方面的研究成果颇多，这里不一一枚举。“企业软实力”则是从企业文化的角度来思考而形成的一个概念，从事企业文化研究的也或多或少会涉及这个概念。至于“执政党的软实力”则是在国家软实力延伸到执政党的软实力建设而形成的概念，由于中国共产党是执政党，直接用“中国共产党的软实力”这个概念的论文并不多，在极少的研究成果中可以发现软实力不仅仅是用于国家层面，也可以用于具体的组织上。有学者指出，中国共产党的软实力就是通过说服、公信、吸引和感染人民群众；是通过马克思主义中国化、全心全意为人民服务的根本宗旨、先进性建设、正确的政策策略和良好的政党形象等一系列核心的价值理念和治理水平构筑起了中国共产党的政治认同、政治合法性以及自身的吸引力和社会整合能力，从而说服、吸引和凝聚起民众，获得支持，不断走向成功。其构成要素主要包括意识形态的解释力和说服力、信息时代政治传播的感染力、政策和行为的公信力等。党的软实力与执政合法性之间有着天然的联系，党的软实力的构成要素与执政合法性的三种资源之间都有

---

① 秦尊文：《区域软实力研究——以武汉市为例》，《学习与实践》2007 年第 10 期，第 34—99 页。

② 周晓宏、王小毅、谢荷锋：《区域软实力及其综合评价体系研究》，《技术研究》2007 年第 6 期，第 58—60 页。

着直接或间接的关联。[①] 不过，也有学者从政党发展的角度指出，无产阶级政党对内部成员主要靠强制性才具有凝聚力的，但无产阶级政党最初由于自身并不拥有国家的合法权力，它要发动民众来支持其革命，主要甚至只能依赖其软实力。革命成功以后，要使自己的政权稳固、要赢得国际社会的支持，也需要有软实力。[②] 软实力的内涵在这方面的拓展是约瑟夫·奈不可能想象得到的。

在约瑟夫·奈有关软实力的研究中认为软实力主要是由无形的资源产生的,很难进行量化研究。然而，中国学术界却不这样认为，而是为软实力和文化软实力的评估构建了相应的评估指标体系。当然，不同的学者和来自不同学科的学者，他们建立的指标体系是不完全一样的。例如，唐代兴提出了一个关于静态的文化软实力构成要素体系，这个静态的构成要素是非常抽象的，而且基本上主要用一个指标来衡量即创新力。这样的指标体系是无法进行测量的。[③] 花建等也构建了一个较为详细的文化软实力要素指标体系（统计指标）。[④] 在这个体系中，文化软实力一共有 6 个一级指标，32 个二级指标。但是，这个指标体系基本上是文化的“硬”资源指标，除了“本国国民对本国所持的好感”等少有的几个指数是属于文化的“软”资源指数。此外，有几个指标是值得商榷的。例如，“全球化指数”如何确定，如何体现国家的文化软实力。全球化指数高的国家并不意味着其文化软

① 郭燕来：《中国共产党软实力的合法性效应分析》，《学习与探索》2011 年第 5 期，第 64—66 页；佘湘：《中国共产党软实力建设的历史经验与启示》，《学术交流》2011 年第 7 期，第 5—9 页。

② 胡键：《中国共产党软实力研究》，《社会科学》2015 年第 3 期，第 11—17 页。

③ 唐代兴：《文化软实力战略研究》，人民出版社 2008 年版，第 39 页。

④ 花建等：《文化软实力：全球化背景下的强国之道》，上海人民出版社 2013 年版，第 42—43 页。

实力就强。“和平指数”“暴力行为控制指数”“文化融合性指数”“创新指数”等都是难以确定的指标。此外，“出国旅游人数”也很难与文化软实力的强弱联系起来，因为出国人数的多少与文化软实力的强弱没有直接的关系。出国人数多，假若出国的人在行为方式上很糟糕，不遵守文明的准则，那么出国人数越多，就意味着文化软实力越弱。此外，在这个指标体系中，多个指数是静态的一次性指数，而不是定期发布的动态指数，因而很难具有说服力。还有众多学者建立相应的具有特色的指标体系，在吸收了上述研究成果的基础上，胡键也建立了一个指标体系，从国际比较的视角来评估中国文化软实力的发展状况。[①] 很显然，从中国学术界的研究来看，中国学者对软实力内涵的理解和运用与美国学术界相比是大相径庭的。因此，不能因为这个概念来自西方、来自美国，我们就不用，中国学者的研究不仅可以对这个概念进行创新，而且通过在这方面的学术交流，也可以反馈至美国来影响美国的学术界。学术交流与文化交流一样，在对话中交流、吸收，在创新中又回流。[②]

三、软实力的功能

软实力的功能究竟是什么？在这个问题上中美双方学者的观点也是差异性非常大的。而学者的观点常常与国家的战略有关，或者说，国家战略影响学术研究。这二者总是有千丝万缕的关系的。我们先看

① 胡键：《中国文化软实力评估与增进策略：一项国际比较的研究》，《中国浦东干部学院学报》2014 年第 2 期，第 40—53 页。

② 季羡林：《中印文化交流史》，中国社会科学出版社 2008 年版，第 2—3 页。

约瑟夫·奈是怎样论述软实力的功能的，虽然他没有直接用“功能”这个词，但在其著作中是有所论及的。约瑟夫·奈在“Soft Power”一文中就指出：“同化权力（即软权力）是一个国家造就一种情势、使其他国家仿效该国发展倾向并界定其利益的能力。这一权力往往来自文化和意识形态吸引力、国际机制的规则和制度资源等。”① 另外，约瑟夫·奈又在《软力量：世界政坛成功之道》一书中进一步讨论了这个问题，他认为“软力量”就是“吸纳力——左右他人愿望的能力——依赖于一国文化和价值的吸引力，或者依赖于通过操纵政治议程的选择，让别人感到自身的目标不切实际而放弃表达个人愿望的能力。”② 我们可以从这两段话来理解约瑟夫·奈的软实力功能：第一，改变别国的意愿，使别国认识到在美国造就的“情势”之下，自己不得不效仿美国；第二，改变别国的选择，即在美国操纵下的政治议程之中，被迫改变本国的选择而屈从于美国的目标。简而言之，约瑟夫·奈的软实力功能就在于用美国的文化和价值观来塑造别的国家。也正因为如此，在美国对世界其他国家进行这种塑造的时候遭遇了种种阻力。或者说，美国的软实力在对外推行的过程中由于采取了现实主义的方式而严重下滑。这对约瑟夫·奈来说也是出乎预料的。

那么，中国学者又是怎样理解软实力的功能呢？最初，国内学者并没有对这个问题进行研究，而是研究某种文化产品或文化平台所具有的软实力功能。而专门研究软实力的功能的研究成果微乎其微。不过，在有限的研究成果中，我们发现中国学者都承认软实力对国家具

---

① 约瑟夫·奈：《硬权力与软权力》，门洪华译，北京大学出版社 2005 年版，第 107—108 页。

② 约瑟夫·奈：《软力量：世界政坛成功之道》，吴晓辉、钱程译，东方出版社 2005 年版，第 9 页。

有塑造功能。孟亮认为，软实力对国家利益具有维护作用，包括可以提高政权存在的合法性、增强政权运行的稳定性、增强政治当局的凝聚力、塑造国家的良好形象以及维护国家的安全利益等。[①] 除此之外，鲜有学者专门分析软实力到底在国家成长进程中发挥什么样的功能。但是，胡键认为，软实力对国家的塑造功能具有二重性的功能。软实力的功能二重性表现为一个方程式：Ps＝±A（Rs＋Rf＋Rp），“＋”表示接受者对他国软实力积极认可，也就是实际的软实力；“－”则表示接受者对他国软实力持消极的态度，也就是负软实力。这个方式的内涵在于：一方面，软实力是国家成长不可或缺的一种实力，是大国成长进程具有可持续性的关键性力量；另一方面，也就是如约瑟夫·奈的观点，软实力是一种同化性实力，具有影响、改变和塑造他者的功能。也就是说，软实力同样是征服他者的力量，所不同的是，软实力的征服性比较柔和、隐蔽。但是，只要含有征服性的因素在其中，软实力的受动者最终总会对施动者产生消极的反馈，从而在软实力问题上导致国家成长也会陷入软实力“安全困境”。[②] 也有学者不是直接讨论软实力功能的具体表现，而是研究软实力功能体系构成问题。例如，唐代兴认为，国家软实力的构成要素可以归纳为五个方面，即作为国家软实力土壤的传统魅力和伦理水准，作为国家软实力基础的制度活力和政治取向，作为国家软实力动力的学术思想、教育能力和艺术创造，作为国家软实力主导力的政府作为和作为国家软实

① 孟亮：《大国策：通向大国之路的软实力》，人民日报出版社 2008 年版，第 149—173 页。

② 胡键：《软实力新论：构成、功能和发展规律——兼论中美软实力的比较》，《社会科学》2009 年第 2 期，第 3—11 页。

力辐射力的外交政策，此五者构成了国家软实力的功能体系。[①]尽管作者没有具体分析，但也承认软实力具有塑造的功能。

从中美学者上述论述的情况来看，两国学者都承认软实力具有塑造功能。在约瑟夫·奈的软实力内涵中，软实力的塑造功能主要是指塑造新的他者的功能。约瑟夫·奈把国家实力分为命令性实力和同化性实力，但在约瑟夫·奈那里无论是命令性实力还是同化性实力，目的都在于改变他者。所不同的是，命令性实力是基于胡萝卜（Carrots）加大棒（Sticks）的引诱和威胁方式来改变他者的行为，这种实力通常与施加对象的意愿是不一致的；而同化性实力则是使他国希望实施者所希望的能力。也就是说，无论是硬实力还是软实力都对他者具有征服性的色彩。[②] 这也正是约瑟夫·奈依然有非常浓厚的现实主义色彩的"新自由主义学者"的重要原因。在中国学者看来，无论是软实力的正功能还是负功能，实际上都是塑造功能。不过，与约瑟夫·奈用软实力来塑造他者不同，中国学者更强调用软实力来塑造中国自我形象。原因就在于，尽管中国崛起进程很快，中国解决了"挨打"和"挨饿"的问题，却始终没有解决"挨骂"的问题，中国进入国际体系之后，就处于国际舆论的各种"问题话语"的旋涡之中。因此，中国试图从文化等软实力方面来塑造中国在国际社会中的"自形象"。实际上，大国崛起进程中都会伴随着各种舆论，例如，英国崛起时就遭遇颇多舆论。伏尔泰就说："商业让英国人发财致富，也使他们获

① 唐代兴：《国家软实力的构成及其功能体系》，《西南民族大学学报》（人文社会科学版）2012 年第 12 期，第 215—220 页。

② 胡键：《软实力新论：构成、功能和发展规律——兼论中美软实力的比较》，《社会科学》2009 年第 2 期，第 3—11 页。

得自由，这种自由反过来又拓展了商业，这是该国之所以伟大的基石。”[①] 面对英国的崛起，当时的舆论的确是复杂的，正如霍布斯鲍姆的描述：“这是一个富裕的国家，主要因贸易和经营致富；这是一个强大又可畏的国家，不过这种实力主要建立在那种商业性最强、贸易性最终的武器——海军之上……”[②] 这可以说是直接而坦率的一种“英国威胁论”。不过，英国并没有在意这些舆论，反倒是当今中国在崛起进程中面对世界各种舆论却有些焦虑。正是这种焦虑感使得中国迫切希望用中国的文化因素来塑造中国的国际形象。这就是中国学术界对软实力功能的现实理解，与约瑟夫·奈关于软实力功能的理解有本质区别。

回顾“软实力”被引进到中国学术界这 20 多年的情况，软实力研究从“冷淡”到“暴热”，反映了中国学术界对外来概念的接受是有一个过程的。这个过程实际上又与中国战略发展有直接关系，正是由于国家在战略上接受了“软实力”这个概念，而且要不断增强中国的文化软实力，因此，学术界的研究在中国共产党十六大以后骤然活跃起来。这也反映了中国学术界对学术问题的研究充满了国家的关怀。

不过，随着中国的崛起以及中国社会经济发展和现代化进程对哲学社会科学的渴望，尤其是“构建中国特色哲学社会科学体系”的主张，国内一些学者开始对“软实力”质疑，甚至是抵制。这不仅体现了中国学术界的一种矛盾心态，也表明国内一些学者对“中国特色哲

① 埃里克·霍布斯鲍姆：《工业与帝国：英国的现代化历程》，梅俊杰译，中央编译出版社 2016 年版，第 16 页。

② 埃里克·霍布斯鲍姆：《工业与帝国：英国的现代化历程》，梅俊杰译，中央编译出版社 2016 年版，第 16 页。

学社会科学体系”的理解是片面的、狭隘的。实际上，习近平在哲学社会科学座谈会上的讲话都指出，构建中国特色的哲学社会科学体系不仅要体现继承性、民族性，原创性、时代性，系统性、专业性的统一，而且对人类创造的有益的理论观点和学术成果，我们应该吸收借鉴，但不能把一种理论观点和学术成果当成“唯一准则”，不能企图用一种模式来改造整个世界，否则就容易滑入机械论的泥坑。换言之，我们要敢于“拿来”，也要善于“拿来”。

当然，我们对外来的思想、理论和相关概念持“拿来主义”的态度，并非不加区分地兼收并蓄，也不是原封不动地照搬。相反，“拿来主义”是经过反复鉴别并进行“中国化”的创新的。“软实力”在中国从概念到理论都完全被中国学术界进行了创造性的发挥和运用。因此，我们在构建中国特色哲学社会科学体系的时候，绝对不能陷入封闭僵化的文化“夜郎主义”泥沼之中。一个善于吸收其他民族优秀文明成果的国家，才具有源源不断的崛起动力，其大国崛起的进程才具有长久不衰的持久力。

第二章

软实力研究的延伸——城市软实力

从古希腊历史来看，最早的国家形式是城邦，所以把软实力从分析国家到分析城市的延伸，这本身就是一个自然的过程。我们对国家软实力的分析是基于其要素、资源、能力来进行的，[①] 要素主要是指构成国家软实力的实力要素，一般包括政治力、文教力、外交力，约瑟夫·奈后来又增加了信息力。根据联合国人文发展指数，又引出了一个要素叫社会力。而产生这些要素的因素则成为资源，相应地就有政治资源、文化资源、外交资源、社会资源（狭义的）、信息资源（也称为数据资源）等。能力包括结构性要素的塑造能力和功能性要素的建构能力。因此，我们分析城市软实力也采用同样的分析框架，只是相应的要素做适当调整。

一、软实力透视的新视角：从国家转向城市

分析一个城市的软实力与分析一个国家的软实力在方法上是一样的，只是对象不同，因而视角也就有所不同。视线从国家下移到城市，软实力将指向两个方面：一方面是指城市的内部治理，即市民对城市的感知内容；另一方面是指城市的对外影响力、辐射力、传播力、感召力等。把国家作为软实力的分析对象的时候，国家软实力的内涵非常丰富，原因就在于软实力不是一个规范性概念，几乎所有的要素都可以放在这个“框”里来进行讨论。同样，把城市作为软实力的分析对象时，软实力也具有因非规范性产生的模糊性和无边界性。但是，无论是国家软实力还是城市软实力，其最重要的内容还是可以

---

① 胡键：《中国软实力研究》，天津人民出版社 2018 年版，第 62 页。

确定的，如城市形象是最关键的，甚至可以说城市形象从一定角度来看就是城市软实力的载体。

城市形象首先是通过城市建筑展现出来的。而从城市建筑来看，城市是设计出来的，而且是为战争设计出来的，最初的城市几乎都是为了战争的需要。例如，伍子胥设计姑苏城就是为了帮助吴国摧毁楚国，从而实现报复楚国的愿望。姑苏城给人的印象是：小桥流水、粉墙黛瓦、古迹名园。嘉峪关市因抵御匈奴而成为一个重要的边塞城市。两千多年前开辟的中国与西方经济文化交流的“丝绸古道”及历代兵家征战的“古战场”烽燧依稀可见。嘉峪关市给人的印象是：浑厚古朴、雄关英姿。在中国西北地区，像嘉峪关市这样的城市众多，基本上、都是为战争而建立起来的，然后又是战争促使城市的执政者进行城市基础设施的更新换代。西方城市建筑也有不同的类别，一类是中世纪的哥特式建筑，另一类是始于文艺复兴时期且延续下来的巴洛克建筑。哥特式建筑是一种兴盛于中世纪中晚期的建筑，它由罗曼式建筑发展而来，为文艺复兴建筑所继承。其典型的特色是尖形拱门、肋状拱顶与飞拱。进入 17 世纪后，意大利盛行巴洛克建筑，这与宗教改革有关，确切地说，巴洛克建筑是对宗教改革运动发起反扑的结果。1545 年至 1563 年，在特伦特（Trent）召开了旷日持久的主教大会（Council of Trent）。会上，天主教获得大胜，决定恢复中世纪式的信仰。会后，各地的天主教更具攻击性，竭力扩大对基督教世界的统治。在这个向宗教改革反攻的浪潮中，天主教会大肆兴建教堂，尤其以教宗所在地罗马城为最多。建筑师们也在这股浪潮中，从 16 世纪初到 17 世纪末掀起了一个新的建筑高潮，兴建了大量中小型教堂、城市广场和花园别墅，它们有新的、鲜明的特征，开始了建筑史上的新时期，即巴洛克（Baroque）时期。无论是哥特式建筑还是巴洛克建筑，到今天都分别构成了欧洲城市的经典形象。

城市是建设起来的，城市发展必然依托于经济发展。中国自明清时期开始，城市的发展越来越注重经济，城市经济就成为城市形象的另一种表现。从这一点来看，城市是建设起来的。这为我们理解明清时期江南城市发展非常快提供了佐证。正是因为江南经济发展快，尤其是江南出现了资本主义的萌芽，商业、手工业等迅速发展起来，出现了众多的集贸市场，由集贸市场逐渐发展为小镇，然后小城，然后城市。这时候，经济成为城市发展的关键动力，从那时候起，经济发达使得城市更具吸引力。从人口和城市的分布来看也是这样，“胡焕庸线”的右下边是城市和人口聚集的地方，反映了城市的吸引力。这种情形迄今为止没有根本改变。唯一改变的就是从过去注重经济发展指标，即 GDP 及其增长速度，转化为当今注重单位就业人员创造的实际 GDP 的数量，以及每万元 GDP 信息产业主营业务收入（元/万元)。另外一个指标就是每万元 GDP 的二氧化碳、二氧化硫排放量。这两个指标反映的是从注重发展速度向注重发展质量的转变。

随着经济的发展，城市的形象又有了新的内涵，即城市应该是一个拥有良好秩序的地方。因而，城市就需要治理。城市不是无序的，也不是弱肉强食的，而是有规训的。从这一点来看，城市环境需要城市治理，或者说，城市是治理出来的环境。城市治理是从道德规训到制度规训再到技术规训的治理发展过程。道德规训主要体现在市民的自觉上，城市集中了高素质的市民，这一批市民是可以通过道德的自我规训来维护一定范围的城市秩序的。但完全靠道德规训是不可能的，毕竟城市的竞争也会带来利益的冲突，这时候就需要政府扮演治理主体的角色，制定相关的制度来进行相关方面的规训，从而实现城市的有序化，理想的目的就是走向城市的“善治”。然而，技术的发展和实际运用给城市治理提供了新的工具，技术被大规模地运用到城市治理之中，如大数据、人工智能等。当然，这些技术首先是用来服务市民的，但事实上也发挥了对市民的规训作用。制度、安全、信用与技术一起，就构成了城市治理体系，而治理体系现代化则体现在制度完善、环境安全、信用体系完备和技术的广泛运用上。城市的数字化转型实际上是治理体系现代化最直接、最新的体现。城市治理现代化还有一部分是治理能力的内容，它包括城市治理主体的能力，如政府的能力、公务员素质等，以及市民素质，即城市治理客体的能力，如市民的学习能力、技术适应能力、契约精神，以及日常行为。市民素质也是最重要的城市形象塑造要素，在某些情况下，一个城市的市民素质成为外界认识城市的关键性因素。

城市是有灵魂的，城市文化就是城市的灵魂，表现为城市品格和城市精神。城市文化包含：一是历史传统文化。每一个城市都有其独特的历史文化，城市是历史文化雕塑的结果，没有这种文化，城市就没有底蕴。例如，上海的“海派文化”、广州的“岭南文化”、西北诸城市的“塞外文化”等，而大运河沿岸城市则把“运河文化”作为自己城市的传统文化，当然处于不同河段的城市其“运河文化”又有各自的特点，等等。二是现代文化。城市是当代市民奋斗的人生舞台，当代市民是城市文化的直接生产者、创造者，作为城市文化的增量大大丰富了城市文化的存量。最重要的就是以互联网为基础的各种新兴技术文化，这是代表一个城市现代化水平的文化。三是外来文化。文化是可以共享的，城市文化本就是“混合体”，外来文化是城市文化的新元素，对城市的发展能够产生“鲶鱼效应”。对外来文化的包容程度越高，这样的城市越具有吸引力。

大数据时代，城市形象又有了新的呈现。过去主要是通过塑造城市品牌、打造城市 IP、演绎城市故事等，从而使城市形象深深地印入人们的心中，让外界对这个城市产生积极的认知；大数据条件下，城市形象越来越聚焦于城市的内在要素的修炼，并通过内在素质吸引人们来这里定居、工作和实现自己的人生梦想。城市最初以经济繁荣、经济安全、环境宜居来吸引人们，但到今天，城市内在素质需要有新的提升，在大数据条件下，人们不仅关注并努力将城市治理与大数据结合起来，而且也试图将生活环境数字化，从而使生活更加便捷。城市数字化和数字社区就是一种以技术为手段的内涵式提升。数字化是助推城市高质量发展的重要抓手。城市数字化水平决定了当代城市的形象和城市软实力水平。城市数字化转型包括：经济数字化转型，即城市经济形态和经济结构以数字产业为主，数字经济占据绝对主导地位；生活数字化转型，即数字化安防、数字化出行、数字化生活等；治理数字化转型，即大数据治理，大数据在防疫治理上已经充分体现出其重要性了。通过这些方面的数字化转型，我们的目的是要构筑一个面向未来的数字城市（Digital City）。

二、提升城市软实力的必要性

一般都认为，城市是靠硬实力特别是经济实力支撑起来的，经济发展是最根本的指标。但是，仅有经济发展而没有文化的滋养，这样的城市是没有吸引力的，而且经济的发展会遭遇质量和素质的瓶颈。所谓质量陷阱就是指经济发展到一定程度时会因为素质问题而陷入发展减速或停滞。也正因为如此，上海在转变经济发展方式方面做了最大的努力，在一定程度上也实现了这种转变，但上海不只是发展方式转变的问题，而是在转型发展、创新驱动方面要做排头兵、先行者。尤其是创新发展方面，上海需要做出更大的努力。那么这要靠什么呢？这无疑要靠技术。技术的发展并非一朝一夕的事，尽管今天的技术发展确实是一日千里，但这并非指原创性的技术。原创性技术既需要基础理论的支撑，也需要从书本到应用的长期积累与实践。而没有原创性的技术，也就很难实现技术革新，更难实现产业结构的调整。更何况技术革新的根本在人才素质，人才素质不仅是技术素质，在相当大程度上也是文化素质。也就是说，助推经济从速度向质量的发展转变只能靠软实力的增强。

城市竞争同国家竞争的内容是一样的，最初城市都会追求经济规模的扩张，以此来增强自身的硬实力。因此，在第二次世界大战后相当长一段时期内，世界各国的城市发展都以经济发展为诉求，但单一的经济发展并不能解决城市的所有问题。相反，随着 20 世纪 70 年代西方各国进入滞胀阶段以后，城市在发展进程中也出现了一种严重的“城市病”，尤其是城市的冷漠让西方陷入滞胀阶段的尴尬。在这种情形下，西方各国的城市发展都纷纷转入文化和以文化为核心内容的城市建设中来，从而把“城市品格”的内容纳入城市建设之中。这也就意味着西方早已经注意到，当经济发展到一定程度时，在城市竞争中起决定作用的是文化和以文化为核心的软实力。如何走出“城市病”的怪圈，西方似乎也没有完全找到合适的路，也期待着向一些发展中国家寻找经验。所以，当中国申办 2010 年世博会的主办权时，众多的西方投票人投给了上海，就是期待从上海的发展历程中找到一些答案。与此同时，上海申办的主题是“城市”，但演绎城市主题的却不是上海和中国整个城市发展的历史逻辑，而是从西方的城市历史发展中挖掘和演绎“城市”的逻辑，这个逻辑就是从亚里士多德的著作中演绎出来的，即人们来到城市是为了生活，人们定居在城市中是为了生活得更好。亚里士多德实际上讲的是“优良的生活”。[①] 文化符号的置换避免了文化的陌生，也促使了西方的投票人愿意投给上海。所以，上海才如愿以偿，也真的向世界展现了上海城市发展的精彩故事。更进一步来看，以经济为核心的硬实力可以解决城市的硬件问题，它塑造的是城市的“硬”形象，但靠经济发展支撑的城市，其基础设施所构筑的城市“硬”形象无论如何逃避不了时间的洗礼，在时间的雕琢之下都会慢慢老化；“硬”形象的长期维持，只能依赖于以文化为核心的软实力的支撑，因为只有软实力塑造的城市形象才具有长期性和持久性。文化会让城市永远不老。硬实力只是城市现代化的物质条件，并不是现代化的全部内涵；人的现代化才是现代化的核心内容，而人的素质则是软实力的核心，人的素质标志着人的现代化水平。

当今，无论是城市还是农村，中国社会在加速转型过程中人的素质不是随着经济发展而提高，而是相反。以前我们一直说“仓廪实而知礼节，衣食足而知荣辱”。然而，现实却完全相反，经济越发展，人的道德反而出现了严重滑坡。特别是在一些特大城市中，我们虽然看到了那些利他的各种行为，看到了各种慈善的举动，但我们确实也看到了众多的不文明现象和低素质的表现。比如乘地铁，上下班背双肩包的越来越多，正常的是上地铁要把双肩包取下来，以腾出仅有的空间给多一名上班的乘客上车；同时取下来以避免伤及周围乘客。但是，几乎很少有主动取下双肩包的乘客。更不可思议的是，一上地铁，乘客都堵在门口低头玩手机，根本不顾别的乘客是否上了地铁，

① 亚里士多德：《政治学》，吴寿彭译，商务印书馆 1965 年版，第 7 页。

也不管里面是否有空间移动。还有的乘客块头大，堵在门口双手还握着两个拉手，别人想进去还没有办法进去。想想看，这是一个什么样的场景？常常有类似报道：有人因在站台上没有挤上公交车，结果在公交车离开站台十几米的地方堵在公交车前面不让走。在僵持之下，其他乘客只好下车另外坐车，因为要赶着上班。这样的市民素质怎么能够不伤害城市的形象？由此可见，市民素质的提升还有非常大的空间。

强调城市软实力的前提是城市的经济发展已经达到一定程度，没有一定的经济实力等硬实力就无法支撑软实力建设，毕竟软实力是以硬实力为基础的。在经济处于贫困时期，软实力建设是可有可无的，也不可能得到重视。但是，在经济发展到一定阶段时，文化和以文化为核心内容的软实力就自然提上日程。尤其是经济发展自身陷入瓶颈时，“没有人是一个孤岛”，在全球化进程中，也没有任何地方是一个孤岛。当前，诸多问题虽然表现在经济上，但解决问题的钥匙却在经济之外，特别是在软实力上。因为，软实力往往对经济具有重要助推作用，可能使经济发展走出瓶颈。

40多年的改革开放和现代化建设使中国“富起来”也逐渐“强起来”了，同时也意味着不同城市之间的竞争，将从以经济实力为内容逐渐转向经济实力与文化和以文化为核心的软实力竞争并存。也就是说，文化和以文化为核心的软实力将在竞争中起着越来越重要的作用。也正因为如此，世界各国、各大城市在解决经济的规模问题后，都会花大力气来推进文化和以文化为核心的城市能力建设。而事实上，我们从世界发达国家的城市发展来看，博物馆、演剧院、图书馆、体育场馆等往往在城市建筑中占据大片空间。尤其是博物馆，它是典藏人类文明的殿堂，它把历史浓缩在其中；它把文化收藏在其中；它把知识储存在其中。博物馆是教学实践的课堂、科学研究的实验室。历史文化不只是用来典藏的，典藏历史文化是为了教育后人、开启未来，并从中总结经验教训和发现客观规律。博物馆通过对文物的收藏、研究，借助系统化、主题性的陈列展示，利用实物、标本等对广大群众进行知识、技能和人文精神的教育。博物馆还是兼具知识性和娱乐性的开放空间，它提供一种在学习中娱乐、在娱乐中学习的空间资源；它提供一种在分享中学习、在学习中分享的开放思想；它提供一种学习与娱乐相结合的城市理念。当然，博物馆最具有代表性，其他文化设施也有相应且重要的育人功能。

以经济为核心的硬实力可以解决城市的硬件问题，这只是城市的“硬”形象，但“硬”形象的长期效果，依赖于以文化为核心的软实力来支撑。文化让一个城市不老，因为软实力塑造的城市形象具有长效性和持久性，没有文化的城市一定没有品位。文化是城市的生命和灵魂，是城市的内核、实力和形象；城市是文化的凝结和积淀，是文化的容器、载体和舞台；城市与文化是与生俱来、密不可分的统一体；文化更是城市的形象师，它雕塑着城市的内核也形塑着城市的风貌。

经济高质量发展更加需要软实力，因为硬实力是城市现代化的物质条件，并不是现代化本身。软实力是人的素质的核心，它标志着人的现代化水平。只有高素质的人才，才能确保经济的高质量发展。软实力建设也是提高市民素质的需要。不可否认的事实是，市场经济启动以来，社会结构状况及市民的价值观与行为方式，都发生了深刻的变化，市场经济是经济活动的主体，市民成为具有独立地位的人，其心理素质中的主体意识与自我意识空前增强。但由于社会转型中出现的利益分化和价值多元化，出现了一些道德和价值观方面的问题，突出表现为心浮气躁，急功近利，诚信缺失，责任感缺失，人际关系冷漠等。而这一切又与文化消费不足有直接的关系。精神境界提升的前提是精神文化消费的不断增多，因此加强软实力建设的目的，就是要为社会成员不断地提供丰富多样的文化产品，从而为市民素质的提升提供更多的智力支持。

三、提升城市软实力的路径

就全国城市而言，上海是第一个就提升城市软实力问题专门通过市委全会的发文来推进的城市。因此，我们先看上海在这方面的政策和实践。上海实际上很早就非常重视城市软实力的问题，早在 20 世纪 80 年代汪道涵任上海市市长的时候就曾提出要在上海举办一次世界博览会，以展示上海形象和推进上海经济发展。上海学术界当时也在尝试提炼上海文化类型，“海派文化”正是在那时候被正式提出来的。后来，又相继提出上海的城市品格和城市精神，也就是说，上海长期以来就强调硬实力与软实力的协调发展，从文件内容来看，上海城市软实力建设包括一个总体目标和具体实践要求，其中一个总体目标就是六个“让”。

让社会主义核心价值观凝心铸魂。城市不是一群人的随意聚居，而是有共同价值、共同制度规范而聚居的。制度、文化、价值凝练起来的就是价值观。这些价值观最终凝练成社会主义核心价值观。上海作为中国最大的城市之一，也是国际性大都市，无疑要坚持中国的特色，坚持用社会主义核心价值观来引领城市建设，使上海成为中国特色社会主义国际大都市的重要标杆。这是从城市建设的角度来看的。

从市民的角度来看，正如前文所述，市民素质是城市形象的重要载体和具体体现，也是城市文明程度最直接的表现。因此，上海的城市建设必须要以社会主义核心价值观来引导，把社会主义核心价值观注入每个市民内心深处，甚至成为市民和城市的灵魂，并构筑成上海城市精神和上海城市品格。

让文化魅力竞相绽放。上海的文化魅力就体现在多元性：海派文化、江南文化、农耕文化、渔文化、现代都市文化，交相辉映。上海有典型的海派文化。上海开埠以来，从江南小镇到“十里洋场”，近200年来，既有深厚的传统文化底蕴，又历经了“欧风美雨”的洗礼；在历时性中保留了江南传统文化的底色，在共时性中对欧美文化进行了大胆的借鉴。200年的历史变迁，淬炼出上海独特的海派文化性格：多元的个性和契约的理性；在传统儒家文明的泥土之中，培植企业家精神和社会责任意识。只有在上海这样的多元文化交汇处，才会产生这样的社会审美。江南文化是上海文化的底色。江南之美，美在其水。江南是水乡，有水方有灵性。苏轼说：“欲把西湖比西子，淡妆浓抹总相宜。”江南的水塑造了江南人的柔性。柔不是一种弱，柔是一种力量：柔中带刚，以柔克刚。这就是江南水的性格、水的力量。江南文化根植于江南的泥土之中。江南的土来自长江的泥沙，来自长江上游的山和石，在岁月的流动中沉淀在这里，日积月累而成为江南。江南的城市发展领先于全国其他地方，正是因为江南的土蕴含着来自其他地方的文化智慧，集中了不同地区的文化精髓。所以，当我们徜徉在上海的石库门、洋泾浜之间的时候，我们会从中感受到江南城市的文化多元性和对异质文化的包容性。江南人有文气。自古以来江南文人辈出，既出现了诸如骆宾王、贺知章、孟郊、陆游等古代诗人，也出现过诸如鲁迅、郁达夫、瞿秋白、徐志摩、徐悲鸿、钱钟书等现代文人。江南人的文气正是江南的水和土“混合”而成，土肥水美因而才会产生儒雅的文人、秀丽之文气。让世界各国人民在上海：品水，水美；品土，土肥；品人，人杰；品文，文秀。这才是上海文化的魅力。

让现代治理引领未来。上海是国际大都市，现代治理水平本就高于全国其他城市，但这并不意味着在这方面上海可以吃老本了。上海应该永远成为中国现代治理的引领者，尤其是在安全、创新力、营商环境等方面，不仅要成为中国治理现代化水平的标杆，而且要处于世界领先水平。这样才能彰显上海在世界的软实力。

让法治名片更加闪亮。上海开埠早，是最早与西方接触的城市，西方的现代性观念也在上海的城市发展进程中不断融入上海的文化血脉之中。因此，与全国其他城市相比，上海在改革开放以后法治最完善、对弱势群体平等保护最好，公平正义也做得最成功，市民能够充分地共享法治成果。因而，法治早已成为上海的一张城市形象名片。不过，这张名片要更加闪亮，这需要进一步加强发展和建设，全面依法治市。因此，法治是城市软实力指标体系的重要构成要素。

让都市风范充分彰显。作为一个国际性大都市，上海的确有自己的范儿：这里的都市建筑风貌流光溢彩；这里的契约精神与建党精神的融合在传统的石库门建筑文化之上，构成了特别的“石库门精神”；这里传统与现代实现了有机结合，等等。不过，上海的城市发展目标就是要使上海更具有吸引力、亲和力。

让天下英才近悦远来。上海不只是上海人的上海，也不只是中国人的上海，而是世界的上海。因为上海的建设者来自世界各国。这也表明上海早就是天下英才的荟萃之地。城市的发展离不开人才，城市吸引人才的地方就是城市能够为各类人才成就梦想，能够为所有人提供品质生活。因此，上海未来的发展就是要做到“使在上海者引以为豪，来上海者为之倾心，未到过上海者充满向往”。

全面提升上海城市软实力的六个实践要求：

第一，以社会主义核心价值观来筑牢城市软实力的精神内核。上海是中国的国际大都市，上海的城市发展必须坚持中国特色社会主义，因此要以社会主义核心价值观作为上海城市软实力的精神内核。为了坚持这个内核，必须：一是坚守共产党人的精神家园。上海是中国共产党的诞生之地，中国的崛起和上海的发展，都是中国共产党初心的杰作，必须以人民为中心，全心全意为人民服务，要让上海成为中国共产党领导下人民追求美好生活的典范。二是焕发昂扬奋进的精神风貌。上海的精神风貌就是上海城市软实力的重要内容之一，而上海的精神风貌首先就是要做改革开放的排头兵，上海要敢于先行先试。尤其是党的十八大以来，中央明确提出要提升中国对外开放水平，完善中国对外开放格局，因而提出了“一带一路”倡议。“一带一路”倡议实际上成为中国对外开放的升级版。上海作为中国对外开放程度最高的大都市，应当为此有更大的担当，特别是要在对外开放升级中把上海自贸试验区打造成为“一带一路”的桥头堡，发挥上海的巨大作用。三是塑造新时代市民的新形象。前面已经阐述市民形象就是城市动态的形象。新时代的市民形象是一种什么样的市民形象呢？新时代的市民形象应该是：富有责任意识、契约精神、科学观念、人文素养；倡导重信守约、专业精细、认真务实、理性自律；把城市精神品格内化于心、外化于行，充满家国情怀、引领风气之先、更加开放包容。上海虽然是一个实现梦想的地方，但上海不应该是充满了焦虑、暴躁、冷漠的城市。只有这样，上海才能让生活更美好，上海才能向世界展现出更多精彩。

第二，以文化建设品位来塑造城市软实力的神韵魅力。上海不只是商业上海、金融上海、贸易上海，上海更是文化的上海。上海的文化底蕴深厚，最容易打造出最具上海特色的文化品牌。在过去 40 多年的改革开放和现代化建设中，上海已经形成了包括中国上海国际艺术节、上海国际电影节、上海电视节、上海旅游节、上海之春国际音乐节、上海时装周、上海书展、上海国际马拉松赛、F1 中国大奖赛、上海 ATP1000 网球大师赛等节展赛事品牌，它们在塑造上海城市软实力的神韵魅力方面发挥了十分积极的作用。不过，上海还要百尺竿头更进一步，因此：一是要构筑更具国际影响力的文化高地。以海纳百川的胸怀推进中外文化交流交融，营造开放包容的文化环境，集聚世界一流的文创企业、文化机构、领军人才，打造更高水准的文化地标集群、更高人气的文化交流舞台、更高能级的文化交易平台，加快建设全球影视创制中心、国际重要艺术品交易中心、亚洲演艺之都、全球电竞之都、网络文化产业高地、创意设计产业高地。二是要培育更多原创性的文化精品。在文学、电影、电视、舞台、美术、群众文化、网络文艺等领域推出更多“上海原创”“上海制作”“上海出品”的精品佳作。三是要保护传承“最上海”的城市文脉。善待历史遗存，加强对历史建筑、风貌街区、革命遗址、工业遗迹的保护利用，探索传统历史文化更富创意的“打开方式”，推动更多“工业锈带”变为“生活秀带”“文化秀带”，让人们更好地感受“里弄小巷石库门，梧桐树下小洋房”的独特气质。

第三，以现代治理体系来展现上海城市软实力的善治效能。上海的治理效能代表了中国未来城市治理乃至国家治理的效能。因此，上海在现代治理上将要：一是全力打造善治城市典范。依托政务服务“一网通办”和城市运行“一网统管”两张网建设，以智能化为突破口，推动城市治理模式创新、治理方式重塑、治理体系重构，让城市运行更有序、管理更高效、服务更精准，形成可复制、可推广的超大城市治理方案。二是坚持把法治作为最根本的治理方式。着力推进全面依法治市，让人民群众在每一项法律制度、每一个执法决定、每一宗司法案件中感受到公平正义，使法治环境好成为上海的重要标志。三是积极参与全球治理体系变革。不断推进浦东高水平改革开放，打造虹桥国际开放枢纽，着力推动规则、规制、管理、标准等制度型开放，积极参与国际规则、标准制定，在这些方面上海是最能够体现中国参与国际规则、国际标准制定能力的；发挥自贸试验区及临港新片区试验田作用，实行更大程度的压力测试，在若干重点领域率先实现突破。

第四，通过优化创新创业生态来焕发城市软实力的发展活力。创新力是城市软实力最集中的表现，一个城市如果没有创新力，就不可能有吸引力，也没有发展的动力。上海之所以对世界各国的人才都具有吸引力，最关键的就是上海的创新力和发展动力。不过，城市的竞争与国家的竞争是一样的，都是一个持续的动态博弈，因此，上海要继续保持巨大的世界吸引力，就必须：一是打造引领未来的创新策源地，推动学术新思想、科技新发明、产业新模式、文化新潮流持续涌现，努力实现更多“从 0 到 1”的突破。上海在这方面拥有巨大的优势，不仅有重要高等院校作支撑，而且还有众多的国家级、世界级水平的科研院所，上海的创新能力非常强。二是要建设开放共享的创新试验场。上海既然是海纳百川的，那就一定是包容开放的。因此，上海要坚持走开放创新之路，提升重大创新平台能级，构建更高水平全球创新网络，促进人才流、信息流、科技流、文化流等充分流动，为创新创业提供最全要素。三是营造英才汇聚的创新“强磁场”：聚天下英才而用之，向各类创新主体敞开大门，为探索未来、成就梦想提供更大舞台。所谓泰山不拒细壤，故能成其高；江河不择细流，故能成其深。

第五，打造最佳人居环境，彰显城市软实力的生活体验。城市最后的标准就是人的生活标准，2010 年上海世博会就提出“城市，让生活更美好”的主题，就是把人置于城市发展的核心地位，最根本的就是要体现以人为本的发展理念。为此，一是要塑造打动人心的“城市表情”。酒香也怕巷子深，城市需要营销，而最直接的营销方式就是城市规划和城市设计。鉴于此，要加强城市规划和设计引领，塑造注重人情味、体现高颜值、充满亲近感、洋溢文化味的“城市表情”，让城市更有温度、更为雅致、更有韵味。二是要打造满足品质生活的服务体系，在提供普惠均衡的基本公共服务基础上，大幅增加高质量和国际化的教育、医疗、养老、文旅、体育等优质资源和制度供给，用优质公共服务吸引人才、满足市民需求。三是构建引领未来生活的城市空间，发挥空间布局对城市发展的导向作用，以优化城市空间格局引领未来城市生活。

第六，增强全球叙事能力，扩大城市软实力的国际影响。严格来说，相较于国家而言，城市的外交功能非常弱小。但是，对于上海这样的国际性大都市，它在国家对外交往中扮演着至关重要的角色。外界可以通过上海了解中国发展的最前沿，可以通过上海了解中国内部建设的最大成就，可以通过上海看出中国的对外开放程度。因此，上海天然就具有全球叙事能力。不过，上海需要不断提升全球叙事能力。具体的方式包括：一是塑造城市品牌形象。以“上海元素”为核心，构筑城市战略品牌，让独具特色的都市魅力精彩绽放。品牌是最具有世界辐射能力的东西，品牌也是最好的城市故事，所以构筑上海的城市战略品牌就是凝练上海城市故事。二是讲好精彩城市故事。以“上海实践”为题材，加强国际传播能力建设，传播好中国精神和中国价值观。“上海实践”是中国最具代表性的现代化实践，因而也是最具代表性的中国故事。软实力的传播具有重要的放大作用，对外讲好“上海故事”，需要与深化国际传播理论研究，和构建中国特色的传播体系联系起来；在传播“上海故事”的过程中，要掌握国际传播规律，创新全球叙事方式，充分展示人民城市建设、超大城市治理等成功实践，讲好中国共产党治国理政的故事、中国人民奋斗圆梦的故事、中国坚持和平发展合作共赢的故事。三是构筑对外交流平台。以“上海主场”为载体，构建国际交流体系，加强多层次文明对话，增进国际社会对上海的了解和认同；用好中国国际进口博览会、世界城市日等重要机会，通过举办国际赛事、会展、节庆、论坛等重大活动，提升上海城市国际形象。

全面提升上海城市软实力的组织领导：第一，要强化党的全面领导。党的领导是中国特色社会主义制度的最大优势，必须加强党对城市软实力建设各领域各方面各环节的领导，建立健全党委领导、各方面齐抓共管、全社会共同参与的工作格局。各级党委（党组）要坚持软硬实力一体谋划、一体部署、一体推进，把城市精神品格融入改革开放和现代化建设全过程各方面，强化责任、狠抓落实。各级领导干部要带头弘扬和践行城市精神品格，提高领导城市软实力建设的政治能力和专业化水平。强化党的领导才能真正体现“人民城市”的本色。第二，要强化全方位支撑保障。强化理论研究，充分发挥高等学校、科研院所、智库等智力资源作用，深化软实力建设的理论和实践研究。当前，关于城市软实力建设的理论还几乎是空白，我们一直强调要构建中国特色的哲学社会科学学科体系、学术体系、话语体系，城市软实力理论是中国的原创，城市软实力的实践是上海的原创。因此，上海高等院校、研究机构的社会科学研究人员，要努力构建城市软实力的理论，提升上海城市软实力的话语权。强化制度保障，建立健全长效机制，研究制定针对性政策，形成系统完备、有效管用的政策制度体系。强化投入支撑，建立软硬实力统筹建设的财政保障机制，积极探索多元化、多渠道、多层次的投入机制，确保城市软实力建设有力有序有效推进。第三，强化全社会广泛参与。软实力建设是事关人人的“人心工程”，必须充分激发方方面面参与的积极性、主动性、创造性，最大限度凝聚全社会共识和力量。鼓励各区、各部门发挥比较优势，整合提升一批城市软实力资源要素，打造一批有显示度的城市软实力建设亮点，形成一批可复制可推广的经验做法。加强典型引领和舆论引导，营造“人人参与软实力建设”的浓厚氛围，形成“人人都是软实力”的生动局面。

上海是国际性大都市，其政策和实践不能复制，但它对全国其他城市在提升自身软实力方面具有典范意义。无论哪个城市，要提升城市软实力，不可或缺的实践路径有以下这些。

一是要盘点一个城市总体的“软”资源，特别是衡量一个城市哪些资源是正资源，哪些资源是负资源，从整体上把握城市的总体资源，从而能够扬长避短。当然，首先要挖掘城市的历史文化，激活历史文化并进行创造性的转化，使之成为促进城市发展的现实动力，也就成为城市的软实力。不过，历史文化对城市发展也是一把双刃剑，优秀的历史文化的确是城市发展的软实力，但历史文化的糟粕则会成为城市发展的负资源，是城市的文化包袱。因此，不能过度挖掘，应当适可而止。这些年来为了打造历史名城，各地都在挖掘历史文化要素，而竟然闹出诸如把西门庆、潘金莲等都作为文化产业的发展要素，这就有些不可思议了。这显然是对历史文化过度挖掘或者说是没有对历史文化进行鉴别的结果。

二是在城市软实力建设过程中，不能完全靠对城市软资源的挖掘来提升，还应该继续利用好城市的硬资源，使两种资源在城市建设和城市软实力建设中相互促进、相得益彰。城市能够吸引外来人员旅游、定居、生活、工作和投资，首先还是在于城市的经济发展态势好，具有重要的经济发展潜力，以及给人以更多的发展机会。这就是城市既有的硬资源。城市软实力建设需要充分利用好这些既有的硬资源。在此基础上，我们才去挖掘城市的软资源，目的是更好地发挥硬资源的作用，挖掘城市软资源就是为了给城市硬资源赋能。因此，要充分发挥城市的“硬”资源优势，在经济发展、科技创新、城市能级提升等方面要确保继续领先的地位，以稳固城市既有的吸引力和人才吸纳力。这是提升城市软实力的基础保证。

三是城市形象是城市软实力的外在呈现，我们不仅要关注城市的硬形象和静止的形象，而且更应该关注城市的软形象，即文化形象和城市移动形象，也就是市民在日常生活中的言谈举止，以及市民走出上海到外地后的言谈举止等，所构塑的城市形象。城市形象具有多样化、多面性，甚至也有分割化、碎片化，每一个市民在任何地方，都在通过自己的言谈举止从某一个侧面构塑城市形象。从这个意义上来看，一个市民走出这个城市之后，市民在哪里，城市形象就在哪里。

四是不能只关注资源而忽视资源的转化能力。文化是软实力资源，但并不直接就是软实力。若文化等同于软实力，那么中国早就是软实力大国了。因为，中国具有五千年文明史，文化资源十分丰富。然而，事实上并非如此，中国软实力还依然弱小。城市也是一样，城市虽然是多种文化交汇之处，文化资源非常丰富，但从文化资源变为城市软实力，还需要有一个转化的过程，这就需要借助于政府、企业、市场，乃至具体的每个市民来促进这个转化。没有转化的文化要素，既有可能是文化资源，也有可能是文化包袱。资源不转化且积累太多，同样也会是一种文化负担。

五是加强跨文化交流。越是经济繁荣的地区，文化吸引力就越大。跨文化交流能够推进“城市价值”“中国价值”走向世界，使“城市知识”转化为“中国知识”，并走向世界而成为“世界知识”。因此，城市不仅要打造国际商业品牌、国际文化品牌，而且还要打造战略品牌。中国各个城市都有自己的商业品牌、文化品牌，不少商业品牌、文化品牌被国际社会所认可，借助这些品牌进行文化交流是最好的城市营销手段。城市的战略品牌就是依赖于城市的商业品牌、文化品牌在国际社会形成的城市形象认知，乃至中国形象认知，这种认知一旦形成就会具有持久性，并建构起持久性的城市形象。因此，我们要从历史中的商业品牌、文化品牌中去挖掘和凝练城市的战略品牌，并使之成为世界接受的战略品牌。

六是不能以运动方式来提升软实力。软实力的核心要素是文化，而文化讲究的是岁月的积淀，不能一蹴而就，要久久为功。有一个成语叫水滴石穿，是因为那一滴一滴的水在历经了沧桑岁月以后获得了一种柔中带刚的“势”，正是这种“势”的力量最终使柔弱之水能够穿透坚硬的石头。因此，以运动方式来提升城市软实力，给市民一种负面的认知，往往事倍功半，甚至产生副作用，形成的是一种“负软实力”。

第三章

城市软实力指标体系的编制

前面已经说过，软实力是非规范性概念，而城市的实力构成本身也充满了复杂性，而用把非规范性与复杂性放在一起构成的一个概念来构建其内涵指标，这的确是非常困难的。不过，按照约瑟夫·奈的观点，软实力首先产生于无形的资源，如文化、价值观念、对外政策、制度等，但同时有形的资源如经济、科技等也可以产生软实力。因此，不能把软实力完全等同于文化、价值观念、对外政策、制度等无形的资源，当有形的资源对外产生吸引力、感召力、辐射力的时候，这种有形的资源也就产生了无形的软实力。根据这一理论观点，我们尝试构建一套城市软实力的指标体系。

一、城市的资源要素与城市软实力

从城市发展史来看，古代的“城”主要是战争属性，也就是因战争而兴起的。这一点从中国文字“城”的大篆体看就非常清楚，左边是土楼，右边是战争的武器，二者结合起来实际上是防御的意思。古代中国的“城”指城邑四周的墙垣，一般分为两种，里面的叫城，外面的叫郭。最初，它主要是用于战争防御的，因而为了战争，城里就会储备众多的物资以满足战争的需要。城市要有丰富的物质资源才能发挥军事防御的功能。当战争过去之后，城市的战争功能逐渐被经济功能所取代，而且进入和平时期以后，经济在城市发展中的作用日益突出。一个城市的经济发展水平越高、基础设施越先进，它对外就越具有吸引力。

中国古代城市发展史的变迁揭示了一个非常重要的现象：凡是政治中心城市必然拥有独特的吸引力，这是因为中国历史上长期就是一种权力主导下的举国体制，政治中心城市同时也必然是经济中心城市。因此，西安、洛阳、开封代表了历史上的第一个政治中心城市群，正由于这里是中国的政治中心，所有的经济资源都在皇权的强制之下而向这个政治中心区域集中。更进一步的情况是，由于这里的政治发展机会多、经济发达，于是全国各地的人们都自然而然被吸引到这里来。当政治中心南移以后，杭州、南京等逐渐取代了西安、洛阳，成为富有、有吸引力的新的中心城区，江南城市的人口数量迅速上升。元明清时期，北京成为政治中心，但江南的经济繁荣凸显了经济超越政治而成为城市最重要的吸引力，京城主要成为士人追逐官爵的梦想之地，而绝大部分人则在江南找到了新的人生舞台，而且更容易成就自己的人生。加之明清时期江南资本主义的萌芽，更促进了江南城市的发展和江南经济的繁荣。江南城市的吸引力变得越来越大，自那时开始，江南的人口数量就一直呈上升的趋势。

经济的发展会反哺城市建筑和城市的其他基础设施。从城市发展的情况来看，江南的城市发展快，而且其建筑在设计上也越来越讲究。原因就在于江南的经济发展水平在明清以后就超越了北方地区。这突出表现在江南的中小城市上，它们的建筑风貌可以说是精雕细刻，尽显中国传统建筑艺术之精华。这恰恰反映出江南经济对城市发展的重要性。不仅如此，江南城市的发展中还有一个重要的现象，就是私家藏书楼在江南小城镇中特别突出。明清时期的私家藏书楼在江南地区可以说是随处可见，如扬州、苏州、常熟、无锡、杭州、南京、湖州等。当然北方也有，但显然其数量与规模都无法与江南的比肩。在中国传统文化中，一是“学而优则仕”，士人发迹之后一般是置田产比较多；二是读书育后人，在获得一定的经济能力以后，就是关注和培养族人的读书生活。江南士人以读书为荣，并认为富不过三代，但读书可以育万代。这种情形一直延续到当今的城市发展中，江南城市中的图书馆、博物馆、演艺馆等文化设施相对比较多。一个城市的经济发展水平越高、基础设施越先进，尤其是先进且供应充足的文化设施（图书馆、博物馆、演艺馆等），以及繁荣的、充足的文化产品、知名的文化品牌等，这样的城市对外就具有更大的吸引力。

随着在城市中定居的人数越来越多，商品交易就这样发生了，这样就产生“市”。“市”就是物品买卖的地方。这种交易关系是有规范的，在物品交易中，规范是以双方的满意为前提的。后来发展为越来越具有强制性的交易制度。经济交易制度的确立是城市文明发展水平的重要标志。随着城市的发展，城市的各项规范性制度都相继建立起来，例如城市交通、规划、行为规范、经济布局，以及社会治理等，这一切都是为了城市的秩序。制度是良好秩序的前提，良好秩序是城市“善治”的一个重要标志，但不是唯一指标。因为秩序与个人能力展现的正义原则不一定都是一致的。以市场交易制度为代表的城市制度兴起，既是城市文明化水平的提升，也表明城市从战争属性转型为经济属性。在相当长时期内，城市主要是为了满足统治者的政治需求，包括构筑社会秩序等。但从中国城市发展史来看，到了五代至宋时期，城市的功能发生了重大转变，即从满足统治者的政治需求转向满足社会的商品经济活动的需求。不过，古代城市的发展专注于市民生存的基本环境如城市生活的基础设施、基本关键的生活要素如经济增长等有形的物质性要素，然而，当今城市发展不仅要提高市民的物质生活水平，而且要提高市民的精神生活质量。从这些情况来看，城市既是物质资源最集中的地方，也是制度文化发展水平最高的地方。城市首先是一个国家物质文明发展水平最高的地方。这是因为，进入城市后，人们的日常行为逐渐被相应的规则、制度等规范起来，行为方式也逐渐摆脱了乡村文明之下的随意和随性，被制度、规则规训的行为往往被认为是彰显了一个人的素质，也彰显了市民素质，进而彰显了这个城市的形象。

城市的精神生活主要体现在文化生活上。文化生活当然也包括物质生活的抽象就成为城市精神，城市精神所体现出来的是城市的品位，也可以说是城市的品格。城市精神和城市品格是城市软实力的核心要素。一个城市在经济实力的支撑下会长高、长大，但更重要的是城市必须有自己的精气神。这些就需要历史的积淀和文化的涵养。城市精神是城市历史发展实践的文化凝练，每个城市都有自己独特的历史，因而我们无法对众多城市的城市精神和城市品格进行一一追述，只能以上海为例来看上海城市精神和城市品格的凝练过程。追溯一个城市的历史文化并对其进行凝练，实际上是一种“文化寻根”。

上海一直把自己的历史文化称为“海派文化”和“江南文化”。两者虽有差别，但后来就合二为一了，都指向了上海的历史文化。“海派”之说是20世纪30年代文化人讨论上海社会风尚的时候用起来的术语，对应的是“京派文化”。当时认为海派文化是阳春白雪，京派文化就是下里巴人；京派文化代表了“诚实与质朴”，海派文化则代表“雍容与典雅”。20世纪80年代中期，上海文化发展战略讨论时，上海历史学界的学者如唐振常、陈旭麓、朱维铮、吴云溥、魏承思、周振鹤等人，提出要为“海派”正名，并将“海派文化”作为一种文化类型并赋予了它与上海的特殊关系，用以概括上海文化特点。海派文化，就其来源而言，它首先是由中原文化发展起来的，吴国的始祖是周文王的伯父太伯，他来到吴地之后带来了中原文化，使之与吴地土著文化结合；越国的人文始祖是大禹，越文化是夏文化，主要是洛阳二里头文化、河南龙山文化，这些都是中原文化。巴蜀文化、湖湘文化、荆楚文化则是因长江之故而联系起来，在近代湖湘文化对上海文化有很深的影响。岳麓书院的对联“吾道南来，原是濂溪一脉；大江东去，无非湘水余波”，这就彰显了湖湘文化对上海文化影响的深度。当然，从上海文化内部发展来看，上海文化首先是农耕文化、渔村文化、商业文化、士绅文化的融合体，然后在开埠以后，比较早地受到欧美文化的影响。欧美文化与江南文化的结合所构成的文化混合体，才真正体现了海派文化的内涵。也就是说，海派文化是开埠以来上海乃至中国融入全球贸易竞争浪潮之中而形成的，也是漕运淤塞改为海运而形成的外向型文化类型。因而，海派文化兼有包容、开放、创新的品格，中西合璧和兼容并蓄是其非常突出的国际化色彩。这些文化最终凝练成为海纳百川、开明睿智、大气谦和、追求卓越，也就是上海的城市精神。

城市形象包括两个方面的内容：一方面是静态的形象，也就是城市建筑基础设施等展现出来的形象；另一方面是流动的形象，即市民的日常举止以及市民在走出城市后的言谈举止等所透露出来的城市形象。前一种形象的传播，是通过外来人员的旅游观光、工作、定居等直观感受而成为口口相传的“城市故事”。这样的故事如果展示得好，则会让外界对该城市产生某种向往；若这样的故事是现实的，则会让已经来到这里的人产生自豪感，这种自豪感转化为该城市的软实力；这种故事若让生活、工作、旅游等的人在其中没有什么压力、焦虑，则会让离开的人们产生更多的怀念，这种怀念转化为城市的软实力。从这一点来看，提升城市形象应该以提升市民素质为抓手，这是增强城市软实力的根本性抓手。后一种情形则是指市民在他乡的言行举止呈现出来的城市形象。也就是说，市民的行为方式可以构塑城市的形象，这是城市软实力的又一构成要素。城市建设与发展的重要前提是塑造城市良好的形象，或者换言之，城市软实力建设的核心内容应该是提升城市形象。

鉴于此，本研究将城市软实力构成要素概括为：物质资源产生的软实力，它主要表现为城市的吸引力；制度产生的软实力，它主要表现为城市的良治、善治；精神文化产生的软实力，它主要表现为城市精神、城市品格，也即城市的精神风貌；行为文化产生的软实力，它主要表现为政府、市场主体、市民的言谈举止所展现出来的城市形象、城市口碑。

二、城市软实力指标体系及其编制依据

对城市的研究成果中，专门评估城市软实力的研究报告屈指可数，但与城市软实力有关的评估，或者对城市软实力进行单项指标评估，还是有相关研究的。大致有以下几种评估方法。

1. 全球化城市指数

该指数最早在2008年由全球管理咨询公司A. T. Kearney、芝加哥全球事务委员会（The Chicago Council on Global Affairs）及《外交政策》（Forcign Policy）杂志联合研究发表，主要对全球40个国家的60个城市如何在全球范围内推动整合、互动和影响力进行综合排名。“全球城市指数”在经济、金融指标的基础上，主要加入了文化、社会和政策等领域的指标，试图提供一个城市全球地位更为完整的图景。它的排名标准中更多考量了“城市超越其地理界线的影响力”，涉及全球市场、文化和创新理念。纵观全球城市指数报告发布以来的十个版本，A. T. Kearney公司对城市综合能力的评估主要包括五大维

度：商业活动、人力资本、信息交流、文化体验、政治参与；因应时势变化与评估需求，具体指标数据与内容、评估城市数量、监测方法则在不断调整与完善中，基本上每个版本都有变化。并且从 2015 年的报告开始，A. T. Kearney 公司在“全球城市指数”的基础上，新推出“全球城市展望”排行榜，基于四个维度（居民幸福感、经济状况、创新、治理）的 13 个重点指标对全球城市未来的潜力进行了排名。

2. 国际大都市软实力指标体系

在“全球化城市指数”的启发下，国内有学者尝试构建了一个国际大都市软实力指标体系，该指标是包含 5 个维度，55 个指标项的三层评价体系，5 个一级指标是城市文化、公共管理、城市创新、生活质量、国际沟通。但是，从该评估体系的二级指标来看，它只是涵盖软实力的部分内容，有的关键性的内容也没有被纳入其中。这个评估体系主要是用来评估国际大都市的，对一般城市来说有一定的借鉴作用。不过，这个评估体系也没有得到学界和业界的认同。

3. 城市软实力指标体系

2010 年，国内有学者尝试构建一个城市软实力指标体系，该研究认为城市软实力是一个由若干子系统组成的有机整体 。城市软实力的资源层，可以由 8 个子系统构成，分别是文化号召力、教育发展力、政府执政力、城市凝聚力、社会和谐力、形象传播力、区域影响力和环境舒适力。这是国内较早且比较规范的城市软实力指标体系。但是，该指标最大的问题是子系统的边界不明确，有的要素是重叠性的内容，也没有得到学界和业界的认同。

4. 城市软实力指标单项要素评估

有的以一个城市能够提供多少高级经理人岗位为标准来评估其城

市软实力的发展状况，例如有机构对伦敦的城市软实力的评估；有的将关注度作为标准，如有机构借助谷歌搜索的关注度排行来评估其城市软实力；还有的以旅游、美食、媒体、流行音乐等来评估城市软实力。此外，最近上海人社局首次发布了一个单项指标，即“上海海归300指数”（Returnees Index of Shanghai Ecosystem 300），以此指标来评估上海城市软实力的一个侧面。不过，虽然单项的指标测评有一定的指标意义，但不能进行综合评估，也不能表明一个城市软实力的总体发展状况。

5. 城市创新力评估指数

国内外有关地区创新能力评价指数的研究，主要来源于三大主体：第一类是独立于政府的民间智库，如日本森纪念财团城市战略研究所、澳大利亚知名的创新城市研究咨询公司 2ThinkNow、A. T. Kearney；第二类是比较出名的传播媒体，如美国的世界知名商业杂志福布斯、彭博社；第三类是学术界的研究协会、专项研究课题组以及个人，如西班牙 IESE 商学院、中国社会科学院财经战略研究院、上海社会科学院等。整体而言，关于城市创新能力评价研究相对丰富，各类排名的视角和聚焦点不同，可以相互参照，反映了城市这一研究对象的复杂性和丰富性。

（1）全球创新城市指数（Innovation Cities Index）。该指数由澳大利亚商业智库 2Thinknow 在 2007 年提出，此后每年对全球近 500 个城市的创新能力进行评价。评价指标体系分为四层：3 个一级因素，31 个门类，162 个指标，1200 多个数据点。该指数认为，影响创新过程的三大因素是：文化资产，即创意的源头（如设计师、美术馆、体育运动、博物馆、舞蹈、大自然等）；实施创新所需的软硬基础设施（如交通、大学、企业、风险投资、办公空间、政府、技术条件等）；

发生网络联系的市场，这是创新所需要的基础条件和关联（如区位、军事国防力量、相关实体的经济状况等）。相对于偏重科技类指标的评价体系，该指数更加重视文化、人文类指标。

（2）全球城市实力指数（Global Power City Index）。由日本森纪念财团旗下城市战略研究所发布，自 2008 年以来，根据城市的“吸引力”或吸引世界各地有创造力的个人和企业的总体能力，对 40 多个主要城市进行排名。评分基于六大功能 70 个指标，包括经济、研发、文化、宜居性、环境和交通。为了反映影响全球城市的条件变化，GPCI 不断微调其指标和数据收集方法，如 2020 年报告中增加了新冠疫情的影响。

（3）全球科技创新中心指数。由清华大学产业发展与环境治理研究中心和自然科研团队联合研发，于 2020 年首次发布。其在全球范围内遴选出 30 个城市（都市圈）作为评估对象，构建了由科学中心、创新高地、创新生态 3 个一级指标以及 12 个二级指标和 31 个三级指标构成的指标体系，系统反映了全球主要科技创新中心城市（都市圈）的综合创新能力和水平。

（4）西班牙 IESE 商学院每年发布的“动态城市指数”（Cities in Motion Index）报告。该报告对全球 80 个国家 174 个城市进行了综合排名。这一指数由九个维度组成，包括人力资本、社会凝聚力、经济、治理、环境、流动性和交通、城市规划、国际影响和技术，包括了 101 项指标，数据非常全面。

（5）联合国人居署与中国社会科学院财经战略研究院合作推出的全球城市经济竞争力排名（Global Urban Economic Competitiveness Ranking）。从集聚度和连接度将城市区分成五个层次：全球城市、国际枢纽城市（International Hub City）、国际门户城市（International

Gateway City)、区域枢纽城市（District Hub City)、区域门户城市(District Gateway City)。根据这一区分，他们对200座城市的经济竞争力进行了排名，同时还结合联合国可持续发展目标，对城市的可持续性进行了排名分析。

(6)“福布斯中国城市创新排行榜”。由福布斯杂志推出，主要根据专利申请量、专利授权量、科技三项支出占地方财政支出比例、国际专利PTC申请量等指标来综合反映一个城市的创新能力。

(7) 上海社会科学院与复旦大学研究团队联合构建的“全球智慧之都”指标体系。他们构建了智慧城市“5+1”评估模型，对全球20个“智慧之都”，对5个定量指标，即智慧基础设施、智慧经济、智慧服务、智慧治理、智慧创新，加上1个定性指标“智慧声誉”进行持续跟踪。2020年第五次发布的排名结果显示，伦敦、纽约、新加坡排名前三，我国的上海和北京紧随其后。

(8) 科技软实力指标体系。主要包括科技创新文化的影响力、科技创新制度的保障力、科技公共服务能力、科技人才的创新力、科技对外交流与合作的影响力、科技创新社会氛围的活力等。

本研究将借鉴国内学术界的相关研究，首先是建立一个边界确定的一级指标。根据上述关于城市软实力资源，本研究将城市软实力的一级指标分为“物质资源产生的软实力”“精神文化产生的软实力”“制度文化产生的软实力”和“行为文化产生的软实力”四个指标。

“物质资源产生的软实力”的二级指标分为“经济发展”“基础设施”“历史建筑风貌”“精神生活设施”“文化产品和文化品牌”五个指标。这些指标反映的是城市的吸引力，其中“经济发展”是最关键的，这个指标的内涵包括经济规模、经济质量等。“基础设施”主要是指市民生活的基础设施，内容包括人均居住面积、交通、医院、学校等。“历史建筑风貌”是历史文化在当今城市中的形象，这个指标一般不太好量化评估，但可以转化为“世界物质遗产数量”，一般来说，这个数量越多就越能够吸引人们来旅游观光，此外，就是“老城区的保护程度”，也是一个重要内容，因为人们肯定更愿意到一个城市的老城区去感受文化，而不是到新城区。“精神生活设施”主要是指文化消费的设施，如图书馆、博物馆、科技馆、演剧院、体育馆等。“文化产品和文化品牌”包括报刊、图书、电影、电视剧、动漫、版权等文化产品和文化创意产品，以及由此构成的文化品牌。

“精神文化产生的软实力”的二级指标包括：“城市品格”，这虽然比较虚，往往通过城市精神、价值理念、历史文化、城市形象等彰显出来，但需要提炼。“城市文化的包容性”包括外国人/国内外来人占总人口的比重、境外游客数、外国留学生数等，并由此彰显的文化的多样性、语言的多样性、民族的多样性等内容。“城市对外辐射力”是指城市所举办的国际活动以及由这些活动而产生的对外辐射力、影响力等。这些活动包括国际会展、国际演出、国际赛事、国际会议，以及在国际友好城市产生的正反馈。“城市的战略品牌”就是指城市的某种东西包括城市的代称、城市的发展理念、城市独特的生活方式、城市独特的文化等，成为该城市的代名词。例如，巴黎有“时尚之都”之称，新加坡有“花园城市”之称等。诸如此类，这就意味着“时尚之都”成为巴黎的战略品牌，“花园城市”成为新加坡的战略品牌等。“城市的吸纳力”主要是指城市吸纳了多少国际组织总部、世界 500 强公司总部、外来留学生数量、常年外来游客数量等。同时，这个指标也反映了城市的包容性。“城市的创新力”这一指标包括人才吸引力指数、著名高等院校指数、著名研究机构指数、科创指数等，但最关键的还是城市科技创新指数、城市数字化转型等指标。

“制度文化产生的软实力”二级指标包括：“权力运行的制度”，权力运行的制度是否健全决定了权力的腐败程度，而这一般都是通过政府服务效率、政府廉洁度、政府信息透明度等体现出来。“社会规范性制度”，该指标直接影响经济发展质量，进而影响城市发展质量。当然，这个指标非常复杂，但我们可以把政府履约性、市场主体的守约性、市场公平性、知识产权保护程度等作为衡量指标。“规范社会生活与权利的制度”，该指标影响市民的社会生活和城市的秩序，它包括市民的政治参与度、弱势群体保护程度、未成年人保护程度等内容。“法制与法治水平”，主要是指地方性的法律、规定、政府出台的政府性文件等，以及在这些方面的执行程度，它包括法制的完善和健全、执法的公平性、违法的追责力度等。

“行为文化产生的软实力”二级指标包括：“市民素质”，这个指标所彰显的是城市形象，因此本课题特别强调市民的日常行为、对待外来人的态度、日常礼仪等。当然，这个指标是很难量化的，这主要还是来自人们的印象。“慈善精神”，这个指标是一个城市走向现代文明的重要标志，它以利他精神、社会责任担当等内容彰显城市形象和城市品格。“市民心态”，也是难以量化评估的，市民的焦虑实际上是城市的焦虑，而焦虑的城市就会缺乏吸引力。因此，一个有吸引力的城市，其市民心态应该是稳健、豁达、宽容、乐观等。

根据上述情况的分析，我们把城市软实力指标分为 4 个具有确定性和相互有明确边界的一级指标，18 个具有相对确定性和明确边界的二级指标。三级指标作为分析的具体数据依据，指标数量具有不确定性，可以根据研究者熟悉的领域和获得的指标数据来确定纳入的具体指标。另外，三级指标在具体运用时也需要做进一步的说明。例如，博物馆数量的多少只是反映了城市的基础设施数量，并不能反映博物馆的利用程度和利用效果。只有将在博物馆中所举办的科研活动、学术讲座、公益教育等活动纳入考察中，才真正揭示出城市在这方面所体现的软实力。诸如此类的指标也都需要进行进一步分析和说明。

城市软实力指标体系

	一级指标	二级指标	三级指标
城市软实力	物质资源产生的软实力	经济发展	经济规模、高质量发展、经济高水平运行……
		基础设施	便捷的交通，便捷的生活设施，如医院、学校、购物中心……
		历史建筑风貌	世界物质遗产数量、老城区的保护程度……
		精神生活设施	图书馆、博物馆、科技馆、演剧院、体育馆……
		文化产品和文化品牌	报刊、图书、电影、电视剧、动漫、版权……
	精神文化产生的软实力	城市品格	城市精神、价值理念、历史文化、城市形象……
		城市文化的包容性	文化多样性、语言多样性、民族多样性……
		城市对外辐射力	国际会展、国际演出、国际赛事、国际会议……
		城市的战略品牌	城市代称、城市发展理念、城市生活方式、城市独特的文化产品……
		城市的吸纳力	国际组织总部、世界 500 强公司总部、外来留学生数量、常年外来游客数量……
		城市的创新力	人才吸引力指数、著名高等院校指数、著名研究机构指数、科创指数……

续表

	一级指标	二级指标	三级指标
城市软实力	制度文化产生的软实力	权力运行的制度	政府服务效率、政府廉洁指数、政府信息透明度……
		社会规范性制度	政府与市场主体的守约性、市场公平性、知识产权保护程度……
		规范生活与权利的制度	市民的城市建设参与度、弱势群体保护程度、未成年人保护……
		法制与法治水平	法治的完善和健全、执法的公平性、违法的追责、犯罪指数……
	行为文化产生的软实力	市民素质	日常行为、对待外来人的态度、日常礼仪……
		慈善精神	利他精神、社会责任感……
		市民心态	稳健、豁达、宽容、乐观……

三、城市软实力指标体系编制的意义

讨论指标体系的意义也就是讨论指标体系的功能。从当前各种指标体系的功能看，大多是用来评比排序的。然而，排序的目的是什么呢？众所周知，当下众多的排行榜都隐藏着某种利益，诸如大学排行榜、期刊排行榜、学人排行榜、科研项目排行榜等，似乎都是学术水平排行榜，实际上与学术水平没有多大关系，都是相关的管理部门的政绩所致。如果城市软实力指标体系是用来对比排序的话，那么也会异化为某种利益的工具。

当然，从学术研究来看，指标体系的构建使研究更有科学性。社会科学颇受怀疑的是它的科学性问题，主要是因为其分析借助于逻辑推理，而很少有实证的研究。然而，随着科学行为主义的兴起，社会科学包括政治科学越来越倾向于定量的分析，以体现其科学性。但是，笔者认为单纯以数据来说话未必就能体现其科学性。数据的确可以说话，但数据的运用方式不同，同样的数据是可以得到不一样的结果的。再说，社会科学的确有其特殊性，逻辑推理是必不可少的。社会科学就是要做到“以近知远，以今知古，以所见知所不见”，因为人的生命是有限的，知识是无限的，历史发展也是无限的。所以，逻辑推理对我们认识世界、认识历史的全貌至关重要。同时，完全基于数据的分析是不能涵盖社会科学研究方法的全部的。数据所反映的只是事物在当前形势下的一种状况，当时间、地点、环境等任何一个因素发生变化，都会引起相关数据的变化。如果停留在一个具体的数据上来进行决策，那么就会陷入机械主义之中。因此，本研究一方面要基于理论的逻辑推理，即定性的研究；另一方面，建立要素体系引入定量的分析，将两者结合起来，使研究更全面、更充分，当然也更为科学。

建立要素指标体系是为了正确认识一个城市软实力的发展现状。城市软实力一直被认为是不可以用数据来表示的，因而学术界的分析都是做定性分析，主要用强、中、弱等修饰词来表示。定性的研究往往给人以缺乏科学性的感觉，为此，构建一个量化的评估指标体系虽然不一定能够涵盖城市软实力的全部内容，但至少可以将城市软实力的一部分内容进行量化分析，从这些量化的相应要素来解释不同城市的软实力的实际发展状况。这样，城市软实力的研究就显得相对科学，也更具有说服力了。但是，在测评的时候千万不能犯机械主义的错误，因为所有的数据只能表明数据产生时的状况，时间过去、形势变化，数据就没有任何意义了。同时，三级指标是不确定性的指标，测评时无法囊括所有三级指标，只能根据测评者所熟悉的指标和比较容易获取数据的指标来进行测评。因此，所有的测评结果只是对当时城市发展决策作参考，不可作为不同城市的软实力比较和排序的依据。尤其是每个城市在历史发展中都有自己独特的优势，不能厚此薄彼地比较。

鉴于此，构建城市软实力指标体系，主要目的是对城市软实力相应要素进行动态跟踪分析，以便对相应比较弱的指标进行修订和完善。如果对城市软实力的观察仅仅停留在某一年或某几年、某几个数据上，那么得出的任何结论就只能是片面的。另外，前文述及，由于各个城市社会经济文化发展是不断变化的，某一个时点上的数据分析只能揭示当时的发展状况，静态的分析难以揭示一个城市软实力的实际发展状况。因此，构建要素指标体系就能够在动态中把握城市软实力发展状况和发展趋势，有利于更加客观地认识城市软实力。

不是专门为具体的某个城市构建一套软实力指标体系，而是试图构建一个可以对城市进行普遍性测评的指标体系，是具有普遍性意义的指标体系。因此，在指标选择的时候，尽管有的城市在诸多指标上存在着优势，但并不意味着城市软实力在整体上有优势，更不意味着这些指标具有普遍性意义。因此，此处所选取的指标以普遍性意义为标准。没有普遍性意义的就不在本指标体系中加以考虑，如江南文化、海派文化、京派文化、岭南文化、红色文化、社会主义核心价值观、政治情怀等，都没有放在该指标体系中。不过，在另一份关于上海城市软实力指标体系研究的报告中，我们课题组就专门将具有上海优势的指标放在其中来进行分析了。也就是说，不同的城市可以另外构建一个具有本市特色和本市优势的指标体系。

第四章
城市软实力构成要素的指标意义

讨论构成要素的软实力指标意义在于，既不能对城市软实力泛化，也就是不要把城市的一切都放在软实力的框架中，也不能把城市软实力窄化，即不能仅仅局限于来自无形资源的那部分内容。城市软实力的构成要素究竟如何体现其软实力指标意义呢？关键的是，要素在那种程度上和那个层面上体现城市软实力的实质内容。若用另一个表达方式，即要素所体现的软实力所占的权重，当然，本研究由于不是对不同城市的软实力进行比较研究，因而这里不主张有权重的概念，而只是在定性方面来表明要素具有城市软实力的指标意义。在定性分析上，这里主要从二级指标来分析，主要因为三级指标具有不确定性。

一、物质资源的指标意义

一般而言，软实力是以硬实力为基础的，离开了硬实力，软实力就很难存在。但是，假若不涉及具体的国家、城市，那么软实力不一定依赖于硬实力。约瑟夫·奈曾经用了一个案例说，罗马帝国不存在了，但罗马帝国的影响迄今还存在。同样，苏联不存在了，但苏联依然有很大的影响。软实力既源于无形的资源，也源于有形的资源。不过，与来源于无形的资源相比，来源于有形资源的软实力往往容易被把握，但在指标意义上却很容易被纳入硬实力指标之中，但源于有形资源的影响力、诱惑力、吸引力等依然属于软实力。

1. 经济发展

经济发展的内容很多，一般都会包括诸如地区生产总值（GDP）、全员劳动生产率（万元/人）、每万元 GDP 信息产业主营业务收入

（元/万元）、每万元 GDP 的 CO_2（SO_2）的排放强度（吨）。地区生产总值是指城市或区域所有常住单位在一定时期内生产活动的最终成果，是衡量城市经济发展水平、生产规模发展变化、人民生活水平和反映经济周期的核心指标。地区生产总值增长率反映地区生产总值健康增长的情况。从地区生产总值的重要价值看，包括以下几个方面：（1）地区生产总值可以很好地评价城市综合经济实力。地区生产总值核算地区国民经济各部门的最终生产成果，包括生产产品，又包括提供服务过程中形成的最终成果，因此它是一个城市综合经济实力的反映。（2）通过核算地区生产总值，可以全面量化经济结构。地区生产总值是国民经济各部门生产的结果，通过各产业增加值占地区生产总值的比重可以测算出城市产业结构，甚至是国有经济、集体经济和非公有制经济等所有制结构。（3）地区生产总值核算一开始就是由英国经济学家威廉·配第在计算英国国民收入时首次提出，发展到今天，人均地区生产总值被公认为是反映人民生活水平的指标。（4）地区生产总值增长率可以更好地反映城市经济发展的质量、结构未来变化及人民生活水平改善的速度，此外如果长时间对一个地区生产总值增长速度进行考察，可以发现城市经济发展的周期性规律。地区生产总值及其增长速度已经成为衡量城市经济发展的重要指标，但也有一些质疑的声音，包括在 GDP 及其核算中没有考虑资源环境和经济过程的关系，盲目追求 GDP 产出及 GDP 增长速度，忽略经济产出的资源和环境投入成本、经济活动对资源环境的消耗和破坏，相反，环境质量的恶化还会促进 GDP 的增长。为了克服这个缺陷，人们提出了绿色 GDP 核算，但绿色 GDP 核算包括的诸多环境投入与保护成本，又有很多非市场行为要素，这导致绿色 GDP 的核算一直在探索而无法更好实现。此外，GDP 只给出当期可用于最终使用的经济产品的总价值，本身并不等同于一国国民当期所获得的总福利，因此无法用该指标精确反映出国民生活质量状况、收入分配平均情况等。

全员劳动生产率是按不变价格计算的国内生产总值与全部就业人员的比率，是单位就业人员创造的实际 GDP 的数量。全员劳动生产率能够反映一个国家或地区在一定时期内创造的劳动成果与劳动消耗的比值，是衡量劳动力要素投入产出效率的重要指标。从城市角度考察，主要是考核城市经济活动包括生产技术水平、生产经营管理水平、社会职工技术熟练程度和劳动积极性的综合表现。一般来说，全员劳动生产率越高，国内生产总值增长的速度越快，质量和效益也越高。提高全员劳动生产率是推动经济高质量发展的内在要求。高质量发展，一方面要强调核心是发展，意味着我们要创造更多的包括物质产品、精神文化产品和生态产品在内的各种财富，满足人民群众对美好生活的需要；另一方面强调发展的关键是高质量，意味着每单位的投入要创造更多的产出，也就是投入产出效率要不断提高。从劳动要素来看，经济高质量发展意味着劳动的投入产出效率要不断提高，也就是全员劳动生产率要不断提高。

如果说地区生产总值及其增长率反映的是城市的经济发展水平的话，那么每万元 GDP 信息产业主营业务收入（元/万元）、每万元 GDP 的 CO_2（SO_2）的排放强度（吨）反映的是城市的经济高质量发展水平。新一轮科技革命和产业变革席卷全球，人类社会已经全面快速进入数字经济时代。党中央、国务院高度重视数字经济发展，将数字经济发展提升至国家战略高度。党的十九届五中全会指出，要“加快数字化发展”。中央经济工作会议提出，“要大力发展数字经济，加大新型基础设施投资力度”。在党和国家政策引导下，各级地方政府纷纷将大力发展数字经济作为推动经济高质量发展的重要举措，不断为全球经济复苏和社会进步积累经验。

2015 年应对气候变化的《巴黎协定》签订，开启人类携手共同应对气候变化的新篇章。按照《巴黎协定》规定，2020 年是各缔约方更新国家自主贡献目标和通报面向 21 世纪中叶的长期温室气体低排放发展战略的关键一年。通过全方位低碳转型实现“绿色经济复苏”越来越成为广泛共识，中国提出碳达峰碳中和目标愿景，这向其他国家发出明确信号，将中国的绿色发展之路提升到新的高度，成为中国未来数十年内社会经济发展的主基调之一，为中国经济社会发展全面绿色转型指明方向，为全球应对气候变化共同行动贡献了关键力量。

近年来，中国正在寻求更具可持续性、包容性和韧性的经济增长方式，要求建立健全绿色低碳循环发展的经济体系，建立清洁、低碳、高效、安全的现代化能源生产和消费体系，以“自上而下”政策引导和“自下而上”实践探索相结合的方式稳步推进，要求地方政府、重点行业制定积极明确的达峰时间表。碳达峰需同时满足碳生产率年提高率大于 GDP 年增长率、单位能耗二氧化碳强度年下降率大于能源消费年增长率两个必要条件。在做好顶层设计的同时，要将优化产业结构和能源结构作为碳达峰碳中和的工作重点，以能源脱碳为主线加速推动工业、建筑、交通等行业大规模去碳化，争取实现部分地区提前碳达峰。因此，每万元 GDP 的 CO_2（SO_2）的排放强度（吨）就成为城市高质量发展重要考查指标，由于中国区域间的技术、经济发展水平、资源禀赋存在较大差异，碳达峰碳中和需要差异化行动方案。在全国一盘棋的工作思路下，碳达峰碳中和有赖于东中西部地区之间要素禀赋的深度融合，通过地区分工协作和产业再构，实现区域协同发展。

经济发展水平与经济发展质量决定了一个城市的发展质量，这是城市最直接也是最重要的吸引力。人们愿意到这个城市来居住、生活、工作、投资，就是因为城市经济的巨大吸引力。如果我们考察一下“胡焕庸线”的上下边，上边城市少、人口少，正是因为经济发展水平不高；相反，其下边则是中国的东南沿海地区，城市多、城市规模大，且人口是中国最为集中的地方，这仅仅从经济上就可以做出最重要的理解。

2. 基础设施

衡量城市交通状况的重要指标是路网密度，它指某一计算区域内所有的道路的总长度与区域总面积之比。一般来说，城市活力与城市道路网密度存在一定的正相关性，即道路网密度越高，城市活力越强。然而，道路网密度对城市活力的带动并非越高越好，当道路网密度过高时，则意味着道路等级较低、路面过窄，难以支撑大量活力要素设施的分布。根据部分学者的研究，城市核心区路网密度在 9～13 千米/平方千米时，路网密度能够较好地支撑城市活力要素。不过，在交通设施方面，市民最直观的感受就是轨道交通及其换乘是否便捷。国内一线城市如北京、上海、广州、深圳等，轨道交通已经不成问题，最大的问题可能在于地铁列车的间隔时间。由于市政交通被逐利的目标所束缚，列车的间隔时间往往会因过了高峰期而被拉长，从而使得交通设施所带来的便捷大打折扣。这方面在通往郊区的轨道上表现得尤为突出，有的线路的列车间隔时间在高峰期以后竟然长达 12 分钟，这是让人难以接受的。无论是高峰期还是低谷期，也无论是市区还是郊区，如果列车的间隔时间不超过 3 分钟，这样人们在选择出行方式的时候就不会受到影响。

除了轨道交通外，城市基础设施对市民有直接影响的就是医院、学校。医院关乎健康与看病的问题，这对上了年纪的人来说尤其重要。因此，绝大多数人会选择离医院不远的地方居住。学校关乎小孩子的读书，所谓的“学区房现象”也正是因为学校对城市居住具有重大的影响。当然，另外一种基础设施就是购物中心，一般来说，要么居民选择居住地随购物是否方便而定，要么是购物中心的设置随居民数量而设。购物是否方便在相当大程度上影响市民对居住地的选择。

3. 历史建筑

人是文化的生产者又是文化的消费者。对于一个城市的旅游者而言，你究竟喜欢到城市的哪块区域去观光？作为一个城市的定居者而言，你究竟喜欢居住在城市的哪个区域？毫无疑问，任何人都乐意选择具有文化底蕴的城区。当然，哪里的经济发达，文化就会向哪里聚焦；文化向哪里聚焦，那里的经济也会变得更加有活力。不同的城市有不同的历史文化建筑，是一个城市文化的积淀和历史的浓缩。例如，上海的石库门，标志着江南文化的历史风貌；北京的南锣鼓巷，当然北京更有特色的还是它的皇城文化如故宫、颐和园、圆明园等；西安的汉城、唐城等，更让人联想到汉唐盛世，等等。一些中小城市也一样有包藏着自己独特历史文化的古老建筑，徜徉在其中，一定会让你感受到那悠悠历史文化长河中的种种动人故事。

4. 精神生活设施

精神生活设施是市民进行文化消费的场所，它包括诸如体育馆、演剧院、博物馆、图书馆等文化设施。这些场馆的多少在一定程度上决定了一个城市的市民素质。当然，场馆的数量还必须与对场馆的开发和利用结合起来，如果不开发利用，场馆就成为无用的摆设。对场馆的开发和利用，这里以博物馆为例，博物馆不仅是城市的文化地标，而且还在城市中产生文化氛围的集聚效应。以博物馆为核心，向纪念馆、美术馆、演艺中心等延伸，使居民与历史文化亲近、与历史文化共舞，拓展领域、开阔视野。博物馆是典藏人类文明的殿堂，它把历史浓缩在其中，它把文化收藏在其中，它把知识储存在其中。实景性是博物馆区别于其他文化方式的重要特点，这在各种文化活动中是极为独特的，文物藏品在满足人们的求知心理、求真意识等方面具有不可替代的作用。博物馆是教学实践的课堂、科学研究的实验室。历史文化不只是用来典藏的，典藏的历史文化是为了教育后人、开启未来，从中总结经验教训和发现客观规律。博物馆通过对文物的收藏、研究，借助系统化、主题性的陈列展示，利用实物、标本等对广大群众进行知识、技能和人文精神的教育。博物馆是兼具知识性和娱乐性的开放空间，它提供一种在学习中娱乐、在娱乐中学习的空间资源，它提供一种在分享中学习、在学习中分享的开放思想；它提供一种学习与娱乐相结合的城市理念。由此可见，博物馆是一座城市的文化中心、教育中心、学术中心，也是休闲中心和娱乐中心。博物馆与城市文化水平呈正相关关系。发达国家的城市一般平均 20 万人拥有一个博物馆。从这个数据来看，中国各个城市在博物馆建设方面还有相当大的空间。另外，随着人们对精神生活的追求，演剧院、图书馆、科技馆等文化设施在市民日常生活中的地位将越来越高，市民对这些基础设施的需求也将越来越大。

5. 文化产品和文化品牌

传统的文化产品主要是指图书、期刊、报纸，以及电影、电视作品，但随着技术的发展，文化产品和文化品牌所覆盖的内容越来越广泛。因此，要不断打造新的文化产品和创造新的文化品牌，这就需要：一是要深化文化管理体制的创新，特别是转变政府的文化管理职能。长期以来，由于各种文化载体特别是图书、期刊、报纸等在相当大程度上承载着对内对外宣传的职能，政府不敢放手而自己承担了“办文化”的职能，结果文化市场很难培育起来。文化管理体制的创新就是要变政府“办文化”为“管文化”的职能，使“办文化”成为文化市场主体的功能，而政府则专注于宏观的管理和指导。二是文化业态的创新，提升文化产业的国际竞争力。客观地说，40 多年的发展，城市各种文化产业业态都已经发展起来，如书报刊出版、印刷和发行业，文化艺术业，文物保护业，广播电影、电视业，文化娱乐业，广告业，等等。但是，城市更需要立体型的文化业态。三是文化品牌的创新，提高文化企业的核心竞争力。文化品牌是文化企业的核心竞争力所在。城市文化企业在国际上缺乏竞争力，很重要的原因就在于缺乏自己的文化品牌。品牌是制胜的关键，打造文化品牌是未来我国城市文化创新的根本目标。

二、精神文化的指标意义

精神文化产生的软实力是城市软实力的核心要素，这部分内容最难用量化指标来进行衡量。当然，在具体运用过程中，不同的研究者和不同的城市会把它们转化为可以衡量的指标。

1. 城市品格

城市品格一般会用城市精神、价值观念、历史文化等来表示。城市精神，是一座城市在长期发展变迁过程中形成的独特的精神品格，是城市的灵魂和人民的共同价值追求，是城市文化软实力的重要体现。城市精神对于一座城市的生存发展具有重要意义，不仅是引领城市发展的旗帜，而且是推动城市发展的动力。城市精神对外展示的是城市形象，是吸引人才、资金和旅游的重要精神要素；对内凝聚的是力量，是团结市民奋力拼搏的源泉所在。不同的城市会通过自己的历史文化凝练成当今的城市精神。城市形象又如何展现出城市的品格呢？以精神文化为内容的城市形象是抽象的，但又通过城市精神变得具体，例如上海的城市品格是什么，几乎没有人能够说出来，但结合上海“海纳百川、追求卓越、开明睿智、大气谦和”的城市精神，一种“开放、创新、包容”的上海城市品格就跃入人们的眼帘。一座城市的魅力，就在于它与众不同的特色，是这座城市的内涵文脉和外在表现明显区别于另一座城市的个性特征的彰显。传承城市文化，弘扬城市精神，可以更好地展示与凸显一座城市的文化特性，增加城市的软实力。珍惜自身的历史文化，充分发掘、保护、保留、利用好城市发展不同历史阶段的资源，留住城市的记忆，对于一座城市的发展具有特殊的价值与重要的意义。

2. 城市的包容性

城市的包容性也是城市软实力的重要因素，一个城市越是排外的，这个城市就越保守。一般来说，一个城市的发展有这样一种规律：新来的元素淘汰原有的元素，则这个城市就永远充满活力。如果这种情形存在，那么也就意味着城市具有巨大的包容性。城市文化包容性，是一个城市人文和管理文明的重要尺度，所谓包容性，是指外来人不仅可获得经济物质条件的满足感，还能迅速融入当地文化，融入当地生活圈子，安居立业，获得深层次满足感。本研究用文化多样性、语言多样性、民族多样性等来表示城市的包容性。一个包容性越大的城市，其软实力也越强大。

3. 城市对外辐射力

城市对外辐射力往往与城市的重大赛事活动有关。从历史来看，城市世界影响力都是通过重大赛事活动而得到提升的。例如，1851年，伦敦举办了首届世界博览会，当时又称万国工业博览会，从而展示了英国的工业文明，伦敦也因此而成为工业社会的中心。因此，后来各个城市都积极争取主办诸如此类的大型博览会。1873年奥地利维也纳世博会，其主题本是为纪念约瑟夫一世执政25周年，举办地选择在风光秀丽的多瑙河边；1878年巴黎世博会为纪念伏尔泰逝世一百周年而举办；1889年法国政府为纪念法国大革命100周年再次举办世博会；1958年，布鲁塞尔正式举办战后首届世博会，沃特金为世博会设计的原子球也成为布鲁塞尔标志性的建筑；1964年纽约世博会是为纪念纽约建城300周年而举办的。

从20世纪80年代中期开始，上海就开始运筹举办世博会，终于在21世纪之初获得了2010年世博会的主办权。通过上海世博会，上海城市影响力得到了大大提升，这是因为：其一，世博会是全球不同肤色、不同种族人们之间的盛会。世博会的宗旨就是促进人与人之间更好的沟通。上海世博会堪称一次“超级的沟通盛会”。这是让世界了解中国、认识中国的最好机会。其二，世博会是文化的盛会，它在上海举办，因而也就成为上海文化展示的平台。其三，世博会是文化对话与交流的盛会。无论文化的异质性程度有多大，异质文化之间的对话与交流的趋势在整个人类文明发展史中是亘古不变的趋势。这正如钱钟书先生所言：“东海西海，心理攸同；南学北学，道术未裂。”世博会也是这样，尽管历届世博会都有各自的主题，但异质文化的对话与交流都是历届世博会永恒的主题。因此，上海世博会的举办产生了众多的世博品牌，尤其是中国馆必将成为上海和中国的新的标志，甚至上海原有的城市标志东方明珠、金茂大厦、外滩西洋建筑、城隍庙古建筑、石库门等在通过世博会的传播之后而被赋予了世博色彩，并成为上海具有世博元素的品牌。世博会是文化展示的盛会，世博会更是超越国家、民族、宗教界限的人类文明的盛会，是人类迈向和平与进步的阶梯。世博会的理念就是理解、沟通、欢聚、合作。上海世博会又在此基础上顺应时代发展的需要而增加了时代的新元素和全新的理念，如低碳、绿色、健康等。这些理念不仅体现了“城市，让生活更美好”的主题，而且将会在中国、在所有参展国中产生普遍性的意义。上海世博会使上海城市形象得到了巨大的提升。因此，上海世博会用中国智慧实现城市管理机制的创新、协调机制的创新和安全机制的创新，并且这些机制不仅成为中国城市生活的常态机制，而且也成为上海世博会的重要成果而载入世博会的史册。除了世博会外，各个城市都在努力争取相关的各种主场赛事。

4. 城市的战略品牌

每个城市都有自己的代称，这个代称就自然成为城市的战略品牌；每个城市也有自己独特的发展理念，一旦成为一种固定的东西，也同样会转化为城市的战略品牌。此外，一个城市的相对固定的生活方式、某种独特的文化品牌等，都有可能成为城市的战略品牌。

5. 城市的吸纳力

城市的吸纳力可以用国际组织总部、世界 500 强公司总部、外来留学生数量、常年外来游客数量等指标来衡量。一般来说，以上各项指标的数量越大表明城市的吸纳力就越大。当然，不同的城市这些数据是不一样的，这个不好比较也不合适比较。例如北京、上海无论是国际组织总部、世界 500 强公司总部都居全国前列，这不是因为它们的吸纳力，而是因为北京、上海代表了中国最具影响力的国际大都市。

6. 城市创新力

城市创新力研究的理论源头之一可以追溯至奥地利裔经济学家约瑟夫·熊彼特对于创新所做的开创性思考。熊彼特之后，经济学家逐渐认识到技术创新是人力和资本之外重要的经济发展要素，较有影响的研究包括以罗伯特·索罗为代表的技术创新学派和以道格拉斯·诺斯为代表的新制度经济学派。技术创新学派强调技术创新和技术进步在经济发展中的核心作用，索罗引入著名的“全要素生产率”的概念。保罗·罗默提出了一种具有“内生性”技术变革的经济增长理论。他的内生增长理论将新思想的发展与在知识部门工作的人数联系起来（将其视为致力于研发的努力）。这些富有创意的想法使其他生产常规商品和服务的人更有效率。这被称作“新增长理论”。新制度经济学派则认为由于交易成本的存在使得经济增长的源泉来自有效率的制度安排，而非单纯的技术革新与进步。他们对于制度变迁的研究发现，经济增长受到其背后的各类制度，如产权、不完全契约、信任等制度因素的影响，没有制度的变革，经济增长会受到严重约束，甚至陷入停滞。西方资本主义的兴起不仅仅是一个技术创新的过程，也是一个制度不断变迁的过程。正是由于以保持私有产权为主的一系列制度的创设和严格实施，使得各类技术创新和经济增长变得可能。到了20世纪80年代，一些学者融合上述两方面的理论主张，陆续提出了“国家创新体系理论”（或“区域创新体系”），主张对于国家或地区而言，创新是一种体系化的努力。它不仅仅表现在科研机构、企业等单方面特定主体的创新力提升，还应包括由产业、科研机构、政府以及NGO所组成的互动式学习的创新体系的建构，尤其是其内在的结构和制度变迁共同促成了创新的产出。因而城市的创新氛围、创新文化、对创新的态度等软性因素占据了重要的地位。这正是创新软实力的重要来源。

城市创新力的另一个源头是有关城市的研究。城市作为一个经济单元受到广泛关注，是随着工业革命以来，西方发达国家城市率逐步提升而产生的。城市学家普遍认为，城市代表着人们聚集在一起共同投入劳动以追求更大的繁荣，并从事更多的社会活动以丰富日常生活的场所。而根据马歇尔的说法，这种聚集本身就是创新形成的重要来源。爱德华·格莱泽在他的《城市的胜利》一书中这样赞美城市的创新力："自从柏拉图和苏格拉底在雅典的一个集会场所展开辩论以来，作为分布在全球各地的人口密集聚集区域，城市已经成为了创新的发动机。佛罗伦萨的街道给我们带来了文艺复兴，伯明翰的街道给我们带来了工业革命。当前伦敦、班加罗尔和东京的高度繁荣得益于它们产生新思想的能力。"

在考察"城市创新力"这个概念的含义时，重要的是需要结合特定的时代背景。在农业时代，城市犹如浮在广袤农业文明海洋之中的孤岛，属于一种点缀式的、次要的角色，其创新的力量虽然存在但并不重要；进入工业时代，城市文明以其与社会化大分工所形成的规模效应相得益彰，更好地适应了这个新时代，从而以压倒性的优势赢得了胜利。城市的创新力表现在工业部门产品、工艺流程的不断推陈出新，吸引着各类资源在全球的流动性配置，包括资本家寻求占有更多的资源，不断开拓新市场的冲动；跨国公司在全球选择最有利于发挥其成本效率优势的城市。而进入信息化、数字化时代之后，互联网的虚拟化空间逐渐让城市这个特定空间变得不再重要，其地理集中的作用受到了削弱。互联网、数字化根本性地改变了城市，重塑了人们的互动方式，使得当代城市的创新不仅仅体现在其规模优势，也不再是通过建设高楼大厦为人们提供的财富和社会地位的象征，而更多反映在它是否能集聚更多的知识、信息和数据等要素，让这些新要素发挥其最大的价值。在数字经济年代，作为重要的创新载体，城市的数字创新能力就显得尤其重要。

城市创新软实力的构成要素，其一，从要素上分。创新软实力的构成要素包括科技价值观、科技文化、创新能力、科技发展战略、科技制度、创新政策等。其中，科技价值观指人们对科学技术的观点态度和价值取向，代表了创新软实力的灵魂；创新文化指现代科技改造过的社会文化，代表了创新软实力的基因；科技创新能力是科学技术领域进行发明创新的综合能力，代表着创新软实力的动能；科技战略、制度、政策等是开展科技创新活动的保障，代表了创新软实力的支撑。其二，从层次上分。创新软实力的构成要素包括边缘层科技软实力、中间层科技软实力和核心层科技软实力三个不同的层次。边缘层科技软实力主要来自国家对科技器物等基本资源的柔性运用，中间层软实力主要来自国家对规范制度类资源的柔性运用，核心层科技软实力主要来自国家对科技价值观、科技文化等资源的灵活运用。另有学者也提出了类似的观点，将科技软实力分为科学技术作为观念形态、生产形态和意识形态所分别产生的软实力。其三，也可以从科技门类来划分创新软实力。如分为科学（基础科学、应用科学）和技术（技术科学、工程技术、产品研发）产生的软实力，前者主要在意识形态和思想文化层面上影响软实力，而后者主要在器物资源和规范制度上影响软实力。同时在现代科技中，数字技术对人类社会产生了越来越深刻的影响，在当今时代被称为“数字时代”的阶段中，软实力的打造离不开数字化的深度赋能。为此也可将创新软实力分为一般科技产生的软实力和数字技术产生的软实力。当前新一轮科技革命和产业变革正加速演进，而数字化将引领新一轮科技革命，数字世界、智能社会、智慧生活加速到来。因此，城市创新力显得非常重要。当然，城市创新力应该包括人才吸引力指数、著名高等院校指数、著名研究机构指数、科创指数等重要指标。

三、制度要素的指标意义

制度文明是城市文明水平的重要象征，一个城市的制度文明发达尤其是制度治理水平高，那么城市软实力就比较强大。制度治理彰显的是城市的法治、安全、和谐等，这是城市除了经济发展水平之外最能吸引人的重要因素。

1. 权力运行的制度

无论是国家层面还是城市层面，权力运行的制度都是至关重要的，它实际上包含了三个方面的制度：掌握权力的人与权力之间关系的制度，权力运行的制度和没有掌握权力的人与权力之间关系的制度。例如，干部任期、回避、交流制度，干部问责制，在任、离任审计制度，述职述廉制度等，这些制度都是关于掌握权力的人与权力之间关系的制度。这方面的制度都比较健全。但是，很少制定也没有认识到制定关于权力运行的制度和没有掌握权力的人与权力之间的关系的制度的重要性。关于掌握权力的人与权力之间的关系的制度，要对两方面的问题进行规制。一方面是任何人获得权力的方式是法律认可的，不能让权力进入市场。另一方面，关于握有权力的人与权力之间关系的制度，要求所有握有权力的人必须在宪法和法律的范围内活动，而不允许任何权力有超越法律甚至凌驾于法律之上的特权。这实际上就是强调法律对权力的规制作用。关于权力运行的制度，其功能在于对以下几个方面进行规制：其一，权力决策前的预防；其二，权力决策方式的科学性；其三，决策失误的追责。关于权力与没有掌握权力的人之间关系的制度，一是要明确权力的法律责任，即权力是人民授予的，那么权力对人民的利益具有天然的保护责任；二是要明确人民对被授予者有要求透明的权力。这些制度在极大的程度上决定了城市的治理水平和营商环境。

2. 社会规范性制度

城市秩序的维护在于信誉、守约，在于社会公平等。城市的守约首先体现在政府本身的守约。政府的权力来自市民的委托，目的是让政府代表市民来维护城市的正常运行。因此，政府是否守约决定了城市的营商环境，因而也就决定了城市对投资者的吸引力。城市是商业社会，市场主体的守约和市场的公平程度也体现了城市的文明程度。此外，城市的发展依赖于对知识产权的保护，以及对市民隐私的保护。城市的安全既包括城市环境的安全，更包括市民自身的安全。

3. 规范生活与权利的制度

城市是有规范的，城市的秩序来自规范。我们不仅看到对城市本身的规范，而且更多的是对市民的政治、经济、社会生活、工作等的必要规范。因此，市民的城市建设参与度、弱势群体保护程度、未成年人保护状况等，都是城市必要的规范，从而使城市具有比农村更高的制度文明水平。

4. 法制与法治水平

这个指标包含这两个内容，一是指法制是否完备，二是指法治水平如何。法制的完备主要是指有法可依的问题，而法治水平则是指有法必依、执法必严、违法必究的问题。

四、行为要素的指标意义

城市精神和品格的核心是人的形象、言行、素质和精神风貌，可以概括为行为文化产生的软实力。市民行为文化可以构塑城市的形象，是城市精神和品格的重要体现，是城市软实力的重要构成要素。目前，学界主要从大型赛事、文化资源、传媒影响、社会资本等方面探究提升城市软实力的路径。然而，提升城市软实力、培育国际化大都市更需要国际化城市精神和品格，通过市民内化于心、外化于行。城市软实力的强弱程度与市民行为文化的综合体现密切相关。

1. 市民素质

随着城市化的不断发展，城市人口激增，认知、评价和提升市民素质，成为城市发展软实力提升的重要因素。1988 年，联合国社会发展委员会提出了在经济重建之外提高人的生存和发展福祉的重要性。1990 年联合国开发计划署发表了第一本《人类发展报告》，探讨了经济、社会发展和国民素质提高的关系，并于 1995 年正式提出“以人为本”的发展思路。体现在市民素质上，就表现为以市民的发展需求为本，不断提高市民的综合素质。1999 年，由国际生活质量协会对生活质量和人的素质的相关性问题进行了讨论，把人文环境、经济和社会环境、个人健康、工作状态、社区关系等都纳入了生活的质量体系，而市民素质是其中关键的因素。2000 年美国杜克大学出版的《社会指标研究》侧重于行为和关系的研究，重视边缘化、失调、排斥、偏见对于市民素质和市民行为的影响，而不是简单的文化素质、教育水平、思想道德、价值意识等方面的问卷。《社会指标研究》突出强调与市民素质相关的行为指数和关系指数的研究，主要包括环境指数、情景指数、群体行为指数、社区发展指数等，通过对这些指数的测量来衡量市民的素质情况。从国内研究来看，随着城市发展的不断深化，城市转型和社会治理问题日益受到重视。因城市转型导致的社会不公平感、社会心态失调、社会信任缺失等现象，促使政府越来越重视市民素质的研究。因此，市民素质已经成为评价和衡量城市文明程度的重要指标。在国家层面，根据中央文明委的部署安排，从2009年起，中央文明办委托国家统计局，每年对全国文明城市和先进城市进行公共文明指数测评并进行排名公布。城市公共文明建设，是衡量一个城市文明程度的重要标尺，是文明城市创建和精神文明建设的重要内容和基础工作，也是一个城市整体形象的重要体现。要加强城市公共文明建设，营造整洁优美的城市环境，建设文明和谐的公共秩序，倡导树立互助友爱的人际关系，开展进步奉献的社会公益活动。公共文明指数是描述市民文明素质发展状况、评价市民文明素质发展水平和群众性精神文明创建工作成效的重要工具，包括城市公共环境、公共秩序、人际交往、公益行动等项目内容。

2. 慈善精神

国家援助水平主要根据经济合作与发展组织（OECD）提出的ODA方针进行衡量，该方针鼓励发达国家向发展中国家或多边机构提供援助，以促进发展中国家的经济发展水平和福利水平的提高，因此国家公共部门对外援助水平一度成为衡量国家援助水平的决定性指标。但全球慈善指数认为，这种仅用公共部门捐助来衡量国家援助水平的方法是不全面的。因为各国向经合组织报告的民间慈善机构的数量要远远小于其实际数量，而正是其背后的私人资金流动在国际援助中发挥了更大、更重要的作用。这反映出国际援助的多元化场景——

公司、非营利组织、教会、大学、家庭和个人等主体正在为世界各地的发展和福利做出更多的贡献，民间机构捐助总额在国际捐助中占据着越来越大的份额。

慈善精神反映的是一个城市的利他精神。慈善精神不在于一个人捐赠多少，而在于心里永远有一种利他精神。在别人需要帮忙的时候以第一时间为别人提供帮助且没有一丝的“赏赐”“恩赐”之心。只要有一丝的“恩赐”之心，那么就不是慈善，而是一种“做秀”。

3. 市民心态

社会心态，是指一个国家、一个社会具有普遍性、代表性的心理特征和心理倾向。改革开放以来，社会利益的日益多元化，造成部分社会成员心理压力感增大，产生不良心态。社会转型时期，培育健康的社会心态、维护社会的和谐稳定具有十分重要的意义。早在我国“十二五”规划纲要中，就提出培育“奋发进取、理性平和、开放包容”的社会心态。社会心态是社会现实的折射，是反映个人与群体、个人与社会、个人与国家关系的一扇窗口。对良好社会心态的培育，需要借助制度规范、文化化育等软治理途径，从而更好地化解社会的冲突和矛盾，凝聚社会共识，形成良好的社会关系和社会秩序。市民的社会心态，是社会经济发展硬实力下，城市社会治理软实力在个体信念、态度、价值上的体现。

对社会心态的理解有不同的学科视角。有研究者指出，从心理结构角度看，社会心态是在一段时间内弥散在整个社会或社会群体中的社会认知、社会情绪、行为意向以及社会价值取向。从社会学视角看，社会心态是在一定时期的社会环境和文化影响下形成的，社会中多数成员表现出的普遍的、一致的心理特点和行为模式，并成为影响每个个体成员行为的模板。从社会心理学角度，有研究者认为社会心态是指在同样社会环境下生存的社会民众成员对现实社会存在的普遍心理反应、心理感受和心理评价。无论哪种学科视角，其共同点在于，社会心态是基于社会现实认知的情绪反应，并且具有群体性和普遍性。在社会心态测量上，有学者将社会心态结构分为社会情绪基调、社会共识、社会价值观，许传新将其划分为相对剥夺感、社会差异感、社会距离感、身份归属感、生活满意度；也有学者将其划分为社会安全感、社会公正感、社会信任感、社会支持感、社会认同与归属感、社会幸福感、社会成就感和社会成员自我效能感等；还有学者将其划分为生活满意感、社会压力感、政府信任感、社会公平感、社会问题感。尽管人们对社会心态含义的理解不同，但依然可以从以上对于社会心态含义的不同理解中找到其核心的成分，在社会心态与社会心理差异的理解上人们突出强调的是社会心态与社会变迁的内在联系，强调社会心态的核心内容包括社会认知、社会价值观念和社会情绪，而在构成社会心态的社会认知、社会情绪和社会价值观中，社会共识、社会主导情绪和社会核心价值观念就是其核心要素。

第五章

城市治理与城市秩序

城市治理本身就是提升城市软实力的手段，但最初的城市治理主要是一种人为的规训。在既有的文献中，绝大多数关于城市治理的研究都是关于城市问题的研究，诸如城市污染治理、城市交通治理、城市社区治理、网络治理等，这方面的文献可以说是汗牛充栋。但是，城市的一切问题都源于人类自身，而关于城市中人的治理的文献并不多见。城市治理的确要做到标本兼治，但归根到底是要治本，而治本就是关于人的治理。鉴于此，这里所讨论的城市治理是从关于人的治理角度来分析的，城市本就是人的产物。诚如 2010 年上海世博会的主题那样：城市，让生活更美好。人类文明的一个重要标志是，人类垒土为城而发明了城市这种建筑物，从而使人类从根本上摆脱了野兽和异族的攻击而更加安全。但是，“城”只是解决了人与环境的关系，而人类一旦聚居在一起的时候，就必然要处理人类内部的关系即人与人之间的关系，这些关系包括上下关系、老幼关系、劳作关系、交往关系、交易关系等。这些关系就是制度的起源。于是，在城之中便产生市（各种往来产生的交易）。因此，城市管理或治理就是处理人类聚居处形成的人与环境的关系和人与人之间的关系的总称。如何处理这些关系就形成了种类不同的管理或治理模式。问题是好的模式是否就有良好的城市秩序？抑或良好的城市秩序是否就是城市治理所追求的唯一目标？追溯城市治理的历史，我们会发现有诸多值得反思的地方。

一、传统城市治理：从空间规训到秩序规训

城市是人类的社会化文明最重要的载体。城市的文明化与城市的空间规训密不可分。城市的空间规训包含了两个方面的内容：一是指

如何选择城市空间的定位；二是如何对城市空间进行分配。前者是城市作为一个整体性的存在的自我规训，后者是城市内部的空间的分配，也就是城市作为一个客体环境在城市主体中的空间分配，是主体对主体与客体之间关系的规训。城市的空间定位最重要的是城市的选址问题，“城”是指城邑四周的墙垣，墙垣是由土或砖筑成的。所以，古代先民关于城市的选址首先必须选址在土壤厚实的地方。这样的地方必然是草木繁盛的地方，而这样的地方必然是水资源比较充沛的地方。如果对城市发展的历史略作回顾，我们就不难发现，城市的选址最好的是有山有水之处，山上有水源，山下有好土，聚其二者则为城市的最优之地。但如果不能二者兼得，则必然把水作为优先选择，因为水是生命之源，水能够为一个城市增添灵气。古今中外的城市发展基本上是山水结合之处，或者是二水相交之处。因此，在大河大江边上往往就是城市最发达的地区。城市选址的自我“规训”实际上是人类自然空间上的自我规训。城市形成之后马上就产生了城市空间的分配问题。最初，城市空间是自发性的空间选择，即城市居住的人们往往会因地缘因素或血缘因素或其他因素而选择居住城市的某个空间位置上，并形成一个个特殊因素的城市社区，形成一个个独特的社会团体，尽管是相对松散的，但依然带着来自农村的宗法社会的浓厚色彩。更重要的是，城市空间的有限性，或者说城市空间第一次出现了“稀缺性”，不同的人群之间开始争夺城市中的“优质”空间，从而会导致城市秩序的无序化。人类的群居性决定了人必然要对秩序产生强烈的追求，在追求秩序的情况下，空间规训转为秩序的规训。秩序的规训是人类城市文明史上的一个巨大进步。城市的秩序是社会化文明程度的重要表现之一。那么城市的秩序是从何而来呢？如果我们回顾城市治理史和城市文明发展史，不难发现城市秩序和城市文明的建立主要靠规训。但是，不同的时期，规训的内容是不一样的。

最初的空间规训，还没有进入城市治理阶段，但到了后来以空间规划为内容的空间规训才是城市治理的内容，而且是更高水平的城市治理。中国城市的空间规训有一个变迁的过程，在计划经济时代，空间规训的表现为“空间单位化”规训方式到市场经济条件下职业空间与生活空间的分离，再向“空间单位化”的回归的过程。职业空间与生活空间的分离是由于市场对原有城市空间的解构，这种分离所带来的是空间意义上的社会流动，包括城乡流动、不同地区之间的流动和同一城市内部之间的流动，其巨大的影响是社会秩序的重构。这也是中国社会转型的一个重要表现。在此前和此后的两个“空间单位化”，其内涵是完全不同的，前者是一个总体性的城市空间，这种城市空间，“单位组织和空间的重合以及社会流动的降低，使得国家进行社会治理的对象为组织和个人，或者说是有组织的个人，而非空间治理。在单位体制下，空间治理变得不再重要，附属于国家对组织的对象治理。在单位体系下，组织治理和空间治理是同一的，或者说空间治理被组织治理所取代”①。市场化改革使总体性社会解体的同时也带来了单位制的解体，“原来的那种大一统的总体性特征，既受到了许多新兴的、多样的社会经济要素的挑战，同时也在自身主动或被动的改革过程中吸纳了其中的某些要素，从而使上述特征逐渐弱化”②。秩序的充足与治理的困境不得不向“空间单位化”回归，但不是原原本本的回归。回归后的“空间单位化”所强调的是基层党组织和党员的

---

① 李威利：《空间单位化：城市基层治理中的政党动员与空间治理》，《马克思主义与现实》2018 年第 6 期，第 184—190 页。

② 李汉林、渠敬东：《中国单位组织变迁中的失范效应》，上海人民出版社 2005 年版，第 20 页。

作用，“单位作为国家治理的载体并没有消失，而是以一种新的角色在城市治理中发挥着至关重要的作用”①。无论是哪种空间规训，城市治理都会强调秩序，即秩序规训。那么，人类在城市中又是如何进行秩序规训的呢？秩序规训是有目的的一种规训，这种规训是人类或者说是城市管理者的自觉性规训。它具有强制性，不过，不同的规训方式其强制性程度不一样。强制程度由弱到强的秩序规训方式有：

其一，道德规训（即自我规训 Self Regulate）。道德是内心的法律，是自我的约束力。道德规训由于强制力最弱，而且又主要是靠人的自觉，因而往往很难达到规训的效果。这主要是因为道德规训需要较高的市民素质。在城市发展的早期阶段，尤其是经济不发达的阶段，市民素质也不高，道德规训基本上是无效的。例如，上海在 20 世纪 90 年代曾经倡导过“七不规范”，虽说是“规范”但主要是道德的要求，并不具有强制性。结果，这“七不规范”并没有达到规范的目标，而仅仅是成为一种口号。为什么呢？我认为主要是因为 20 世纪 90 年代正是上海大发展的时期，每个人都在追逐自己的人生梦想，上海的节奏骤然加速，以至于每个人因城市节奏的加速而变得焦虑、急躁。道德的约束根本无法规训一颗颗追逐人生成功的心，欲望迸发出来的力量总是超出道德的束缚。当然，有文化素养的市民往往会稳重得多，总会用一种涵养克制住欲望和焦躁。因而，他们成为市民的道德标杆。尽管只是少数，但少数却代表着城市治理发展的未来。

其二，行为规训。行为规训一般是通过教育来训导，使市民的言行符合现代城市文明的要求，走向一个有序、文明的城市。行为训导

---

① 李威利：《空间单位化：城市基层治理中的政党动员与空间治理》，《马克思主义与现实》2018 年第 6 期，第 184—190 页。

绝对不能用空话来训导，必须树立某种参照物作为典范（Paradigm）。一是把一个具体的现代文明城市作为参照物，例如上海就曾经把东京作为参照物，认为在秩序上，上海要向东京学习，于是要求上海市民素质要以东京市民素质为榜样来进行行为训导。二是城市内部也会以具体的人物作为言行的典范。所以，每个城市都会塑造自己城市中的道德模范人物作为言行规训的典型案例。行为规训也会制定一定的规则来强制如横幅、标语、规章等，但这种强制性是低程度的强制性，因而收效甚微。不过，行为规训通过教育的教化作用，也会使城市中的典范人物、规则等慢慢内化为使命的自觉，历经长久之后也会产生一定的积极效果。

其三，法制规训。这种规训是城市治理进入法治化时代的必然手段。一方面，随着经济发展水平的不断提高和城市化水平的不断提升，城市的人口规模越来越大，空间也就变得越来越拥挤，资源也变得越来越稀缺，人与人之间的关系、人与环境的关系，仅仅靠道德、说教根本无法对日益稀缺的空间、资源等进行有效调控，因而人与人之间的竞争关系超越了城市内部传统的人缘关系、亲缘关系、血缘关系、地缘关系等。因此，城市治理就必须要具有高强制性的规训力量（Disciplinary Power）来进行强制。这种高程度的强制的内涵也包括对那些不接受法制规训而导致的行为“出格”进行的惩罚。也就是说，法制规训是与惩罚并举的（Discipline and Punishment）。

然而，从道德规训、行为规训到法制规训，尽管强制程度不断强化，但城市中的背离“规训化”的行为始终存在。其中的原因固然与城市文明与前城市文明（指进入城市之前的文明）之间的冲突有关，但更多的可能是既有的规训存在着缺陷，即便是强制性的法制规训，也不可避免地存在着缺陷。毕竟法制是人制定出来的，人的主观缺陷包括知识水平、对城市环境发展的认知水平，以及制定法制的时候或多或少受到某种利益的掣肘等，这些都会导致法制规训的缺陷。在这种情形下，技术往往会弥补人的缺陷，而技术的发展恰恰迎合了城市治理填补人的缺陷的需求。结果，大数据技术条件下的数据规训就应运而生。

二、数据规训与城市秩序

人类一切技术发明的成果都是为人类服务的。大数据也是一样，此前的一切规训所存在的先天不足，成为城市治理引入大数据进行技术规训（也就是数据规训）的理由。不过，大数据被引入城市治理，最初的目的是实现城市的善治，也就是建立一个良好的城市秩序。在这方面，大数据的确发挥了非常重要的作用。大数据在城市治理方面所发挥的主要作用表现为：

第一，大数据技术应用于城市治理，从而实行全民性、全时段、全要素、全流程的覆盖，使城市治理进入精细化管理时代。随着中国城镇化率的不断提高，城市治理的质量与居民生活幸福指数之间的关系越来越密切。与此同时，城市人口密度的增大与城市管理服务之间的不协调性，往往会导致各种各样的城市病，这就更加需要城市精细化管理。① 传统的城市治理方式多少带有粗放式的色彩，以至于城市管理上存在着诸多漏洞和死角，城市管理信息沟通不畅通，城市各部

① 任远：《城市病和高密度城市的精细化管理》，《社会科学》2018 年第 5 期，第 76—82 页。

门之间的政策存在着相互阻隔的情况，等等。这主要是因为城市管理的数据缺失。因此，大数据技术尤其是数据收集技术弥补了这一缺陷，为城市精细化管理提供了技术支持。特别是大数据技术通过全数据的覆盖，可以优化城市功能，创新体制机制；可以以大数据为基础进行城市规划，使之更加具有科学性；可以强化部门信息沟通，提高管理服务水平；可以构建机构与市民之间的社会网络，培育社会共治体系，等等。

第二，大数据技术开启了智慧城市的新时代，从而使市民生活更加便捷高效。城市的节奏永远有一个“加速度”，这是因为市民所面临的激烈竞争所致。所谓不进则退，进步太慢也是退。激烈的竞争导致快速的节奏。但是，如果没有相应的规训机制，那么城市就有可能陷入原始般的“丛林法则”之中。城市之所以是脉脉的，是因为城市充满了人情的“温度”。而确保这一切的根本原因就是城市发展史上不同时期所使用过的相应的规训方式。当今，大数据技术又把人文与科技结合起来，更好地为城市的每一个成员提供智能化的服务。从上网工程、信息高速公路、智慧城市、城市大脑等，无不体现了人文与科技结合的全新的服务人类的方式，从而不断提升市民生活的幸福指数。

第三，大数据技术开启了城市的“壳”安全时代，即城市环境为市民提供了安全的外壳。如果仅仅是从安全的外壳来看，大数据技术为城市的环境安全提供了最重要的技术支撑。这是因为，大数据成为城市管理中的重要战略资源，数据资源最大的社会经济效益就在于依托于大数据可以为城市管理提供“精、准、细、严”的管理实践，能够使城市管理更加“注重细节、立足专业、科学量化”的原则，能够在数据的多层次性、完整性与相关性的基础上对城市进行精细化的管理。[①] 这就是所谓的"用数据说话、用数据决策、用数据管理、用数据创新"的城市管理机制。这种精细化的管理模式确实为城市环境的安全提供了可靠的保证，也意味着大数据技术在城市治理中成功的秩序规训。那么。大数据技术究竟是如何规训城市秩序的呢?

其一，大数据技术对城市秩序的规训，首先是大数据技术对城市硬件设施包括土地、交通、经济、环境等的有序管理。大数据在这一方的作用有学者认为主要表现在三个方面，一是大数据与 CA (Cellular Automata，元胞自动机)、GIS（Geographic Information System，地球信息系统）集成，对城市复杂数据进行全方位挖掘，从而可以获得城市演变的规律，为城市设施的科学规划提供可靠的数据支持。二是利用大数据神经网络研究和分析城市运行中的问题。例如，对城市交通流量的预测研究，采用 BP（Back Propagation）神经网络方法可建立交通流量预测模型，通过仿真实验可以取得较好的仿真结果，可为城市交通的智能化诱导和控制提供支撑。此外还有利用神经网络模型数据预处理方法实现城市及水管网的优化、城市绿地规划等。三是通过 Seminar 式研讨厅的设想，可在现代信息通信技术、模拟仿真、人工智能的支持下，把城市管理者、各领域专家和公众的思维、智慧、积累的经验以及各种情报、资料和多元信息统统集成起来，运用数据挖掘、文本挖掘、模型挖掘、专家意见挖掘等多种科学和信息化手段，从多方面的定性认识上升到定量认识，再从定量的判

---

① 李德智、朱诗尧:《大数据时代下的城市精细化管理》,《现代管理科学》2018 年第 12 期，第 31 页。

断中得出对城市管理工作进行定性的指导。①

其二，构筑以大数据为基础的城市信息化、数据化硬件。这主要是指智慧城市的硬件设施。2014 年 3 月国务院发布的《国家新型城镇化规划（2014—2020 年）》作为未来一段时期指导全国城镇化发展的顶层设计，明确提出了推进智慧城市建设，统筹城市发展的物质资源、信息资源和智力资源利用，推动物联网、云计算、大数据等新一代信息技术创新应用，实现与城市经济社会发展深度融合。同年 8 月，国家发展和改革委员会等八部委联合下发《关于促进智慧城市健康发展的指导意见》，进一步推动和规范智慧城市建设进程。很显然，“智慧城市已成为拉动城市升级、经济转型和改善民生的战略选择”②。而物联网、移动终端、云端技术就是智慧城市最核心的基础设施。物联网是指通过信息传感设备，按约定的协议，将任何物体与网络相连接，物体通过信息传播媒介进行信息交换和通信，以实现城市的智能化运行。物联网是互联网基础上的延伸和扩展的网络，将各种信息传感设备与互联网结合起来而形成的一个巨大网络，实现在任何时间、任何地点，人、机、物的互联互通。物联网的有效实施离不开移动终端，最初意义上的移动终端仅仅是接受信息的工具，但技术的发展使移动终端在今天具有强大的处理能力、内存、固化存储介质以及像电脑一样的操作系统，是一个完整的超小型计算机系统，完全可以完成复杂的处理任务。不过，仅仅有物联网和移动终端还不足以建立起一个智慧城市，智慧城市的基础设施除了物联网和移动终端外，还要有

---

① 宋刚、张楠、朱慧：《城市管理复杂性与基于大数据的应对策略研究》，《城市发展研究》2014 年第 8 期，第 95—102 页。

② 陈锐、贾晓丰、赵宇：《大数据时代的城市运行管理信息协同模式研究》，《中国科学院院刊》2014 年第 6 期，第 710 页。

云端技术，包括云计算技术和云储存技术，也就是能够集搜索、下载、使用、管理、备份、计算等多种功能于一体的虚拟化技术（Application Virtualization)，为城市治理提供智慧应用服务，如智慧的公共服务、智慧的社会管理、智慧交通、智慧物流、智慧安居等。[①] 极端技术实际上是对两类数据进行储存和计算，为城市治理提供智慧服务，一是物联网产生的有关物理世界的感知数据；二是移动终端产生的关于人类社会的应用类和行为类数据。这两类数据都是超大规模前更新的，一般的数据仓库和统计算法都难以胜任，必须要用云技术来进行储存和云计算来处理。

其三，部署采集城市居民日常生活数据的收集工具。移动终端本就是一种数据采集工具也是采集对象，但这还不能覆盖全部，如何能够尽可能覆盖全部呢？当前在城市治理中普遍采用网格化管理，即将城市社区内容进行分块，按照功能分块来部署传感器以捕捉相应的数据。在一些发达的城市尤其是上海已经率先在部署实施。据有关研究和上海市的信息发布，作为城市网格化管理的全面升级，2018 年上海已经在社区安全、养老照护、智能体检、食品快检、食品加工监测、环境监测、消防安全、电梯安全、居民用水、道路积水与污水井盖管理等 15 个场景首批部署近 50 万个传感器，形成具有规模性的城市管理数据自动化采集能力。根据上海市数据交易中心发布的信息，上海市将努力构建起一张整合的城市管理“数据湖”网络，面向交通、健康医疗、健康食安、环保、城市公共设施 5 大领域形成服务民生热点的大数据创新应用；同时基于城市多维数据的汇聚，对现有网格中心

---

① 杨正洪：《智慧城市：大数据、物联网和云计算之应用》，清华大学出版社 2014 年版，第 9 页。

进行升级，构建起一个具有城市数据综合运营、大数据分析挖掘和预测预警能力的城市智能运营管理中心，最终形成大数据与城市管理建设模式，并将推广至全国。

从城市传统硬件的数据化和虚拟化到城市信息化基础设施的建设，最后到数据采集的普遍化，并把所采集的数据通过各种移动终端上传到信息中心，通过云计算之后形成服务产品。这无疑是智慧城市和城市大脑的理想状态，也最终能够实现城市的有效治理。这是因为城市中的每一个成员都会慑于自己产生的数据而不捕捉、采集、上传而不得不“顺从”。这就最终达到了数据规训的目的。

三、数据规训及其反思

数据规训的成功既是技术进步服务人类的表现，也是人类成功利用技术为构建安全的社会的表现。不过，客观地说，这种成功的规训不是社会成员的一种自愿，更难成为一种自觉，而是慑于数据威胁的“顺从”和慑于技术异化的“不安”。这种规训的理论逻辑是以“绝对安全”为目的的规训。“绝对安全论”源于20世纪80年代量子力学的诞生，当时一种观点就认为利用量子调控技术对信息进行编码、存储、传输和操纵，可以确保信息的绝对安全。这在当时技术条件下，以及人们的认知水平下，理论上的确可以认为是“绝对安全”的。然而，随着信息技术的发展，传统的加密技术在确保信息安全上也变得不那么可靠了，从而使人们对“绝对安全”提出了质疑，即便存在那也只是理论上的一种可能。即便如此，“绝对安全”一直是信息安全所追求的目标，包括一些国家的战略也以“绝对安全作为追逐的目标。长期以来，城市也因更加发达而为其中的成员提供更加安全的环境而成为人们生活的首选，因此，最初的城市治理因安全系数较高而并不直接考虑安全问题，更多的是考虑为安全提供更多的资源，即经济发展问题。然而，“9・11”事件改变了城市安全的固有理念，而中国人口多，虽然城市化率不如西方，但单个的城市人口数量绝对是超大规模，尤其是东部地区的城市更是人口密度特大的地方，过去那种以传统意义上的秩序和发展为目标的城市治理模式，开始转变为以安全为目标的城市治理模式；从过去的相对安全治理模式转变为追求绝对安全的治理模式。如果说量子力学的安全理论为“绝对安全”的治理模式提供了理论依据的话，那么，大数据技术的飞速发展则为这种治理模式提供了技术支撑。

城市治理的“绝对安全”是以什么为前提的呢？既然量子力学的编码技术无法确保信息的绝对安全，那么城市治理所追求的“绝对安全”也只能是一种低概率现象，但事实上在上海这种超大规模的大都市中居然实现了，至少在目前情况下，上海给世人的感觉就是一种“绝对安全”的城市。其根本的原因在于：“绝对安全”是以“绝对透明”——数据透明——为前提的。问题在于，数据透明的情况下究竟如何保护个人隐私。关于这个问题，学术界是有争议的，一种观点认为，个人数据信息具有非独占性的特点，其价值在于被社会充分挖掘和使用，沉淀的数据是没有价值的。因此，不能将个人数据信息赋予其财产权意义的保护，而应该将个人数据信息作为公共物品来进行保护。也就是说，大数据条件下，个人信息的隐私权是有限的，因而也只能进行有限保护。① 当前，大数据城市治理的“绝对安全”就是以此为依据的，认为从城市安全角度来看，城市是强大的但又是非常脆弱的。为了使脆弱的城市处于“绝对安全”之中，就必须以个人的隐私为代价，个人必须为城市安全“出让”一部分个人隐私。

另一种观点认为，数据权利化是大数据开放共享的现实要求，它能够保障和推动数据在平等民事主体之间的流动和应用。数据权利化也就意味着个人数据信息具有财产权的意义而应得到全面的保护。②这种观点把数据视为个人财产权，因而个人数据和个人隐私应该是绝对保护的。不过，这种情形会引发出另一个问题来，即数据的归属权问题。个人产生的数据是否属于自己？一种观点认为，数据的所有权应该属于产生数据的原始个人。实际情况的问题在于，几乎所有最关键的数据不掌握在产生数据的原始个人手中，要么在政府手中，要么分散在各种网络媒体中，要么在企业手中。尽管是个人的关键性数据，但不掌握在个人手中，这又如何体现数据归属自己呢？所以，这种观点从个人隐私保护的角度来看绝对正确，但客观实际很难将个人产生的数据归属于产生数据的原始个人。与此同时，国家在法律层面上也没有对数据的归属权做出明确规定。尽管数据交易已经非常普遍，但中国法律对数据交易权属迄今未做明确规定。③

既然数据归属权没有法律的刚性规定，那么数据的使用权很容易

① 吴伟光：《大数据技术下个人数据信息私权保护论批判》，《政治与法律》2016 年第 7 期，第 116—132 页。

② 陈俊华：《大数据时代数据开放共享中的数据权利化问题研究》，《图书与情报》2018 年第 4 期，第 25—34 页。

③ 杨张博、王新雷：《大数据交易中的数据所有权研究》，《情报理论与实践》2017 年第 12 期，第 52—57 页。

被泛化，数据也很容易被滥用。数据使用权既包括直接将采集到的数据进行分析、挖掘和探究，也包括对已经挖掘出来的数据价值的使用。此外，对数据的使用还包括数据创新。① 这些数据包括：一是政府数据，有学者认为，这类数据的使用权客观上来看具有公共产品的性质，同时又具有正外部效应，在数据资源的使用上不会出现物质资源那样的“公地悲剧”。从某种意义上来说，政府数据的使用权属于全社会。② 然而，从实际情况来看，这里仍然会产生某种“公地悲剧”，对政府数据不负责任的使用必然导致数据安全问题，尤其是涉及社会成员的隐私的数据，这类数据的安全与人的安全高度相关。二是企业的数据，这类数据包括企业的商用数据和企业采集到的客户数据。商用数据的使用是商家自己，使用时会受到内部规章的制约而不会有数据安全问题。后一种数据由于是客户在商家留下的“数据废气”，往往被商家为了逐利而恶意使用，从而造成客户的“数据废气”安全问题。三是个人数据，既包括个人产生和采集并储存在自己的数据“容器”之中的数据，也包括个人在互联网、自媒体，乃至在日常生活中等留下的数据和痕迹，这些都有可能被采集到某种数据“容器”之中，被反复使用，以及被滥用。

于是，数据规训会引发大数据城市治理的一系列问题。一是治理伦理问题：秩序还是正义？作为治理者，往往会主张在城市治理的实

① 数据创新是舍恩伯格和库克耶提出来的一个概念，它包括数据再利用、数据重组、数据扩展、数据的重复利用、数据废弃和数据开放。参见［英］维克多·迈尔-舍恩伯格、肯尼斯·库克耶：《大数据时代：生活、工作与思维的变革》，盛杨燕、周涛译，浙江人民出版社 2013 年版，第 5 章。

② 杜振华：《大数据应用中数据确权问题探究》，《移动通信》2015 年第 13 期，第 12—16 页。

践中追求秩序，这也是城市治理的原意。然而，个人隐私的正义又如何得到保证？尤其是当城市的每一个成员都知道自己的一言一行都暴露在无处不在的传感器之下的时候，那么没有任何人敢于表现或表达出自己的真实，每个人在裸露之下都不得不装出一种“真实”。再有，个人情绪的正常释放毫无疑问是要借助于某种私密的空间，公共空间的开放性和私密空间的透明性，导致个人情绪缺乏必要的释放空间，也就使社会缺乏必要的“安全阀”。所以，传感器采集的数据是装出来的“真实”，用这样的数据来进行城市治理和预测与决策，那么这种预测、决策的科学性必然要大打折扣。二是全覆盖的数据采集工具的确能够确保城市环境的安全及“外壳”的安全，但并不能确保“内心”的安全，即个人数据被滥用导致的个人对自身安全的担忧。结果将是在“外壳”的绝对安全之下内心的绝对不安全。三是数据驯服的对象究竟是人还是环境？换言之，在大数据技术条件下的城市治理，人是服务对象还是管理的对象？如果数据驯服的对象是环境，那么数据采集当以环境的数据为主，一定程度上包括人与环境互动的数据，目的是更好地为人服务。如果数据驯服的对象是人，那么人就成为管理的主要对象。很显然，这种情形与现代公共管理的目标是背道而驰的。

上述只是问题的主要方面，还有一系列的问题不必一一列举，而这些问题可能都是因技术（也包括数据）异化所致。正如前文述及，人类发明技术和促进技术的不断创新和发展，目的是更好地让技术为人类服务，然而在数据驯服以人为目标的情形下，数据技术虽然形式上在为人服务，但更多的是用来掌控人的日常行为而为治理主体的少数服务。这不仅是技术的异化，而且也是治理的异化。因此，在大数据城市治理进程中，就正如有的学者所说的那样，数据的权威的确是建立起来了，但在数据权威之下很有可能是个人自由（正义的内容之一）的被推翻。[①]

城市治理的效果的确与治理的具体手段，即规训手段有直接的关系。最初的道德规训之所以无法发挥有效作用，是因为在物质生活水平还处于“求生存”的状态下，城市不过是为人类提供了求生存的更多的可能，这种条件下的城市治理不可能依赖于道德解决秩序问题。从这一点来看，城市治理水平的确反衬出一个城市的经济发展水平。落后的经济发展水平，城市治理在某种程度上就是一种“自然状态”下的治理，作为城市治理主体的政府仅仅是在用政治权力力所能及地“维持”而已。随着经济发展水平的不断提高，政府治理城市的资源也不断增多，政府在城市治理的强制力也会增强，于是在道德规训无效的情形下，政府为了秩序开始对市民的行为进行干预，也就是进行行为规训来构建城市秩序。最初，行为规训主要是依赖于典型人物来劝诱和引导，但这毕竟没有制度化，没有严格制度化的引导不能形成市民的自觉。于是，法制规训就必然提上日程，受制于人的主观缺陷，法制规训也不可能一劳永逸。而技术的发展为城市治理的有效性提供了最可靠的工具，这种工具就是大数据技术。

技术自古以来对人类而言就是一把双刃剑，在为人类的发展提供便捷服务的同时，也会因人类不同成员的私利而对人类产生危害。这就是技术的异化现象。大数据用于城市治理也是一样，一方面为构建一个有序的城市发挥着积极的作用，至少对城市环境的安全发挥着重要作用。可以说，正是大数据的数据规训功能使城市处于一种世界近代史上从未有过的安全，但数据规训是建立在数据对公共空间的窄化

---

① 尤瓦尔·赫拉利：《今日简史》，林俊宏译，中信出版社 2018 年版，第 43 页。

和对私人领域的挤压之上的规训，个人隐私也因此而处于从未有过的“裸露”状态。因此，环境的绝对安全与内心的恐惧是并存的。虽然，人类对技术的恐惧早已有之，但工业革命以来的技术突破使人类对技术的恐惧骤增，而大数据、人工智能时代则使人类陷入一种“the sum of terror”（综合的恐惧）之中：生态系统的崩溃、社会系统的“有序混乱”、个人隐私被暴露等，无不与技术的颠覆有关，甚至不少问题直接就是因为技术的颠覆所致。技术不断解构人类的传统权威而塑造技术权威（大数据权威），从而使人类变得无足轻重。

大数据的城市治理能否使人类摆脱这种恐惧呢？也许在短期内很难做到，但城市治理终究要回归本质：以人为中心，为市民服务。因此，大数据的城市治理最终必将克服对技术的恐惧感。在大数据城市治理中，哲学（伦理）是灵魂，数据技术是躯壳也是手段，躯壳和手段没有灵魂就是空的，灵魂没有躯体就没有载体。灵魂与躯体，总有一种会“越轨”，智慧的人类就是要确保二者的“合体”，使技术在伦理的规训下更好地为人类服务。

第六章

城市智库助力城市软实力提升

城市智库是城市软实力最重要的组成部分。智库包括智与库，智是内容，库是智的储备基地。所谓智，在汉语中表达的是聪明、智慧、计谋、知识等意思。那么，智从哪里来呢？就本体论的智而言，它只能来源于知识体系、理论体系和思想体系之中。也就是说，一个智库一定要拥有足够的知识储备、理论储备和思想储备。完善的知识体系是形成智慧的前提，缺乏这种知识体系，专家就有可能乱点鸳鸯谱和出馊主意。而智库之智就必然体现出多重性、多样性、多元性的智慧。只有这样，智库才可以在任何时候对任何问题提供智慧、策略的供给。如果是单一性的智慧，智库的供给也必然是单一思想、单一智慧、单一策略的供给。而单一性的供给，要么是对决策者偏好的迎合，要么是对问题缺乏详细的调查研究。这两种情况，都难以实现决策的科学性。上海的飞速发展原因是多方面的，但其中一个重要原因就是得益于上海的高校、研究机构等城市智库。长期以来，上海的城市智库为上海改革开放和现代化建设，以及重大活动、重大事件等方面都贡献了众多智慧，为上海提供了充足的城市软实力资源。

一、城市智库源于城市发展的需要

在研究不同城市的发展类型的时候，我们发现中小城市的发展，主要是依靠产业的滚动效应来实现持续发展的，当然也借助于自身的历史文化作为辅助。而诸如北京、上海、广州这类国际性大都市的发展类型首先是靠硬实力特别是经济实力支撑起来的，但仅有经济发展而没有文化的滋养，这样的城市是缺乏国际竞争力的，而且经济的发展会遭遇质量和素质的瓶颈。因此，北、上、广等国际大都市的每一轮发展都往往更依赖于城市智库提供的智慧来实现创新和发展。事实上，北京、上海、广州集中了中国智力最强大、影响最广泛、覆盖领域和规模最大的各种城市智库。深圳则代表了最初的四个经济特区的发展类型，其独特性表现为：最初主要依赖于国家的政策创新和政策“试错”而产生巨大的“鲇鱼效应”，但发展到一定程度后，这类城市的发展也转向了追求城市韧性与城市的内涵式建设，也就是越来越强调智库的重要性。2011 年，深圳市制定的《深圳市中长期人才发展规划纲要》就提出要实施九大重点人才工程。其中，积极实施客座专家“智库计划”，为深圳扩大国际影响提升软实力明确了途径。十年后的今天，深圳市把国内外高校重要智库引进来，已经组建了一个集研究机构、高校等在一起的庞大的深圳智库联盟，为深圳的发展提供了强大的智力支持。在上海提出城市软实力建设以后，各种类型的城市都越来越重视智库在城市发展中的作用。换言之，各种类型的城市都把智库建设作为提升城市软实力的重要抓手，都十分重视城市智库的重要作用。城市智库主要是为城市社会经济发展提供决策咨询和智力支持。

1. 智库发展简况

城市智库的类型和发展历程是与中国经济发展的进程相一致的。首先是新中国成立之初建立的各种官方研究机构，如国务院参事室、中国科学院、中国人民外交协会、国际关系研究所等，都是主要致力于马克思列宁主义的研究以及宣传、经济、科技、外交和军事战略、理论和政策的研究，都是涉及国家战略层面问题的研究。很显然，这些智库在服务国家战略的同时，大多数也是为了应对国际冷战的需要而进行的研究。

众所周知，智库在美国的战略决策中非常重要，原有的老牌智库如布鲁金斯学会等自不必说，二战结束以后，美国又先后建立起关于各大地区研究的专业学会，如斯拉夫研究促进学会（1948 年）、亚洲研究学会（1957 年）、非洲研究学会（1957 年）、拉丁美洲研究学会（1966 年）和中东研究学会（1966 年）。它们分别出版各自的刊物，举行年会，各有其专门的工作人员。很显然，成立这些中心和出版相应的刊物，都是为当时美国的政治服务的。

当时，中国事实上处于冷战的前沿。为了应对西方也是出于中国国家战略安全的需要，在与外界打交道日益增多的情形下，中国相关的研究机构也相继建立起来。1956 年，根据外交部的建议，经周恩来总理批准成立了直属外交部的国际关系研究所，重点对资本主义世界的经济和政治进行调查研究。这是中华人民共和国最早建立的国际研究专门机构之一。1960 年，上海国际问题研究所成立，时任上海市副市长的金仲华兼任所长，所内按地区国别设立研究组（室）。1964 年，北京大学、中国人民大学和复旦大学的政治系均改设为国际政治系。并且三校在地区研究方面进行了分工，其中，北京大学研究亚非地区（亚非研究所），中国人民大学承担国际共运、苏联和东欧研究（苏联东欧研究所），复旦大学则专注于西欧、北美和拉丁美洲，另外还建立了资本主义国家经济研究所。1977 年，中国社会科学院组建成立，随后在时任副院长、资深外交家宦乡等人领导下，中国社科院建立了一系列的地区国别研究所，成为地区研究在中国一个新的标志性发展。不过，从研究的成果可以看到，这些机构当时主要集中于“介绍苏联建设社会主义的经验、研究国际共产主义运动的历史和现状，研究一些国家无产阶级革命斗争的形势，研究一些国家共产党的发展和对中国的态度，研究如何有针对性地积极开展对外宣传工作和联络工作”。这些都是服务当时国家战略需要的研究。

2. 智库转型：从政府的部门到专门的研究机构

改革开放以后，从中央到地方都先后建立起了一些决策研究部门，特别是1984年通过《中共中央关于经济体制改革的决定》以后，决策研究部门从过去的国家战略研究开始转移到经济领域问题的研究，也就是聚焦于经济发展问题的研究。1986年，中央又提出决策的民主化、科学化和制度化，以加快我国的现代化建设。这时智库的重要性开始凸显出来。学术界也开始研究如何发挥哲学社会科学的智库功能的问题。鉴于政府部门的智囊机构存在着目标不一、力量分散、受行政干扰较大、缺少信息渠道等问题，有人建议把设在政府部门的智囊机构政策研究室或调研室变行政化为专业化，使之成为博中有专、专博相济的多面手机构，或者是设立独立于政府机构的专门智囊机构，以便为政府决策提供专业化、科学化的政策咨询。在这种形势下，各种研究机构相继诞生，与此同时，民间研究机构也应运而生，如1986年成立的中国政治与行政科学研究所、1989年由当时在全国有较高知名度的经济学家和社会活动家马洪、李灏、陈锦华、高尚全等人士自愿联合组建的深圳综合开发研究院等。这些智库都着力于经济问题的研究，为解决国家和地方经济发展问题提出政策建议。

从20世纪90年代中后期的"社会科学走向社会"，骤然演变为社会科学机构智库功能的新定位。2004年1月5日，中共中央发出《关于进一步繁荣发展哲学社会科学的意见》，明确提出要"使哲学社会科学界成为党和政府的'智囊团'和'思想库'"。在这种情形下，一些学者开始探讨建立"思想库""智囊团"的具体路径和打破当时思想瓶颈的具体方法，全国各地的社会科学研究机构都纷纷重新调整自身定位，朝着智库的方向发展。经过近10年的发展，各地哲学社会科学研究机构的智库功能日益显著。

特别值得注意的是，当前中国智库一方面致力于为中国各级党和政府提供政策咨询，另一方面也开始对地方政府、城市发展、企业提供咨询服务。智库开始从国家战略问题转向地方和城市的经济发展问题。更为重要的是，智库的建议有力地推动了中国学者的研究走出书斋，开始走上从社会实践中进行研究并为政府决策提供咨询服务的道路。当时有一批学者在这些方面都有特殊的贡献，包括关于北京举办奥运会的建议、上海举办世博会的建议、浦东开发开放的建议等。

3. 城市智库聚焦于所落户的城市发展

智库服务国家战略，因而智库是国家的软实力，这是毋庸置疑的事实。党的十八大以后，随着中国式现代化建设的迅速发展，中国的大国成长尤其需要中国特色的哲学社会科学思想作为支撑。2013 年 4 月，习近平总书记首次提出建设“中国特色新型智库”的目标。十八届三中全会审议通过的《中共中央关于全面深化改革若干重大问题的决定》明确提出，应“加强中国特色新型智库建设”。2014 年，中央全面深化改革领导小组第六次会议审议通过《关于加强中国特色新型智库建设的意见》，2015 年 1 月，中共中央办公厅、国务院办公厅印发了该文件。随后，首批 25 家国家高端智库建立起来，其他各类智库也在政策咨询服务上发挥了不同的重要作用。《关于加强中国特色新型智库建设的意见》明确指出：“一个大国的发展进程，既是经济等硬实力提高的进程，也是思想文化等软实力提高的进程。智库是国家软实力的重要载体，越来越成为国际竞争力的重要因素，在对外交往中发挥着不可替代的作用。树立社会主义中国的良好形象，推动中华文化和当代中国价值观念走向世界，在国际舞台上发出中国声音，迫切需要发挥中国特色新型智库在公共外交和文化互鉴中的重要作用，不断增强我国的国际影响力和国际话语权。”同样，城市智库自然也是所落户的城市的软实力。

城市智库类型多样。第一类是指原来的党政部门的政策研究机构，它们直接就是服务于该城市、该地区社会经济发展的智库。第二类是哲学社会科学研究机构，它们有的是国家高端智库，主要为国家战略服务，但由于它们坐落于具体的城市，因而也必然要为该城市提供政策咨询服务，此类智库数量多，各个城市都非常依赖它们来为城市发展提供治理支持。例如，坐落在北京的国家智库，同样也为北京的社会经济发展提供智力服务。落户在上海的此类智库，既为国家战略服务，也直接为上海城市发展服务。第三类是高校智库，此类智库由于无论是智库数量还是从业人员数量都非常多，因而崛起的速度非常快，影响力也大。同样，它们坐落在哪个城市首先就直接为该城市服务。第四类是民间智库，在近年来如雨后春笋般涌现出来，而且它们更贴近于具体的现实，为自己所处的城市发展服务。

城市智库是城市的软实力，不仅在于其提供的服务，而且还在于城市智库是知识生产者、思想生产者，也是城市故事的传播者。一个城市被国际社会所关注，除了其经济成就外，还在于这个城市的智库生产的知识、思想传播被转化为该城市的发展动力，以及这些知识、思想又通过与国际社会同行交流、研讨而在国际上传播。我们在研究城市软实力的时候注意到，国际大都市除了经济发展的成就之外，还有一个重要的原因受到广泛的关注，那就是它们无一例外地都拥有为数众多、类型多样的世界知名智库。城市智库越活跃，城市的国际影响力就越高，纽约、东京、伦敦、巴黎都如此。城市智库越活跃，城市的故事、特殊的文化等就越容易远播世界，而这一方面的传播更具有巨大的增长效应。

二、城市智库是城市发展的智力支撑和助推器

战后以来尤其是进入 21 世纪以后，无论是国家还是城市的发展越来越需要战略规划。这些战略规划包括发展战略、战略空间、战略布局等，而这一切都需要相关的专业人士，也就是当前所说的智库学者。这些智库学者大多都集中在高校智库和专门的研究型智库之中，他们或教学科研兼顾，或专门从事研究，或以学者的身份参与社会调查活动，以便在实践中更好地了解社会发展的前沿思想，或直接参与相关政府部门的决策咨询活动，为政府部门提供智力支持。这一切都表明，城市智库已经深深地嵌入到城市社会经济发展之中，并通过思想深深地影响着城市的发展进程和发展方向。那么，城市智库究竟为城市发展发挥哪些必不可少的功能呢？

1. 城市智库是城市发展战略思想的直接生产者

思想是城市社会经济发展的引领，也是城市发展的路线图。城市发展的思想决定了一个城市的发展定位和发展方向。城市的差异性发展当然首先是取决于不同城市的历史文化传统，但当今的城市发展更多的是通过城市规划作为引领的，城市规划首先是城市历史文化的概念性或城市品格或城市的价值抽象。例如，上海被定位为国际性大都市，那是因为上海是中国近代史上开埠最早且又具有天然区位优势的城市，经过近两百年的发展，上海在世界城市发展史上具有重要影响。加之，上海在承继历史传统中又吸纳了世界各地文化，从而形成了以传统江南文化为底色、以外来文化为表现的海派文化。因而，上海被概括为具有开放、包容、睿智的品格，而这种概括离不开对上海

城市长期深入研究的城市智库。不仅上海市如此，所有的城市发展都离不开思想的抽象和价值的概括。

与一般的纯粹做基础理论研究的学者不同，智库学者的最大特点是，不仅有厚实的思想底蕴，而且也有扎实的基础理论研究的积累；同时又都是资深的学者，人生阅历非常丰富。因此，智库中的学者们最有可能以自己的生活阅历和基础理论，为城市发展提供最有智慧和最能反映城市未来发展的重要思想。城市的发展最忌讳同质化发展，在城市化的初期阶段，城市在腹地扩容、资源竞争等问题上往往都以城市规模和高楼大厦为模板，从而导致大中小城市都走向同质化。然而，随着思想与文化在城市品质提升中越来越被重视，城市也恰恰因为有了思想和独特的历史文化而具有不同的风格和特质。“择一城终老”，反映的正是不同的人们选择自己喜欢的城市居住，而选择的理由也正是由思想和历史文化塑造的城市品格。城市智库以自己独特的方式进行城市思想的生产与创新。

2. 城市智库是城市发展智慧的直接提供者

城市发展与市民的生活息息相关，城市的每一个细微的设计都关系到市民的日常生活。因此，城市设计必须要有人文关怀，也就必然需要相应的智慧。这些智慧来自哪里？它们来自城市管理者和来自市民，更来自城市智库。

首先，城市的安全设计来自智库的研究。从城市的起源来看，城市是为了战争的需要而建立起来的，是为了安全而建立起来的城垣。这个离不开当时的谋士亦即智库。前文述及，公元前 455 年的晋阳之战，赵氏家族面临着智瑶联合魏氏家族、韩氏家族的进攻，赵氏究竟到哪里去寻找安全的问题，谋士张孟谈说，到晋阳去，因为昔时的董安于如今的尹铎那里备足了粮食，在城市建设上就做了充分的战争准备。故“无以晋阳为远，无以尹铎为少，必居之”。结果，赵氏最终以少胜多，反败为胜。当今，城市设计和城市规划既要强调设计的安全，也要体现城市市民对美好生活的追求，因而这就更加离不开城市智库的深谋远虑和未雨绸缪。

其次，城市发展进程中不可避免地会出现旧城区、旧厂房、旧小区的问题，长期以来，城市更新的理念是以旧换新，拆旧建新。然而，这样就留不住城市文化，因而也就难以体现城市的精神特质。事实上，旧城区、旧厂房、旧小区恰恰就是城市发展的缩影，是城市历史文化的承载，更是一代人、几代人甚至几十代人的圆梦之处。保留这些旧的设施，也就是保留了这个城市的历史文化。在经历了大规模拆迁和拆旧建新的城市化进程以后，一些智库学者开始注意到城市“锈带”的文化意义，更挖掘出城市“锈带”的经济价值，从而提出了变“锈带”为“秀带”的理念，从根本上改变了过去城市更新的理念，实现了保留历史文化与促进城市更新辩证统一的全新理念。

再次，城市空间的有效利用需要智库的智慧。城市空间的利用既要彰显现代都市生活的时尚，又要充满特色历史文化的气息。这就需要以戏剧性的方式重构传统文化和重组城市空间，在这种时尚与传统的有机结合之下，打造城市全新的人文 IP 和富有独特标识感的“城市橱窗”。上海社会科学院软实力研究中心作为一个文化味特别浓厚的智库，从最初研究国家战略文化转型为既关注国家软实力又重视城市软实力的研究，近年来不仅为上海市委提供了关于城市软实力指标体系的研究报告，作为评价城市软实力发展状况的重要标尺，而且，在如何打造文化 IP 和提升城区软实力等方面，也为上海有关部门，有关区和街道、社区提供了诸多的政策建议，尤其是倡导根据不同街道社区的历史资源来构造文化空间，从而形成各具特色的街区文化空间。这样的文化空间和文化样态将是城市软实力的重要表现。一个智库哪怕以自己的智慧为城市建设解决一类问题，城市软实力也将会得到实质性的提高，而诸如此类的专业性城市智库越多，城市发展中所得到的智慧也就越多，从而从整体上为全面提升城市软实力贡献自己的智慧。

3. 城市智库也是城市的实践者

智库的所有研究报告都基于实践调查，这承继了中国共产党的实事求是的思想路线，以及从群众中来到群众中去的工作方法。智库报告要有利于城市重大问题的科学决策，都必须深入社会开展详细的调查研究，使研究成果基于客观事实之上，从而能够有理有据、有思想地提供给领导做决策参考。近年来，几乎所有的智库都走向了社会实践，也都面向社会现实，不再是闭门造车，也不只是书斋里“剪刀＋糨糊”的曾经和“鼠标＋粘贴”的当下，而是在社会实践中发现问题和分析问题。这是城市智库的一种社会实践。

一段时间来，全国上下都热衷于排名，智库机构也热衷于排名，但智库并不是用来被排名的，智库也不适合排名。这是因为智库成果有相当高的保密性，智库和撰写智库专报的专家也同样具有相当级别的涉密性，因而外界包括排名机构对这些机构和人员的真实信息并不完全了解。所有的排名主要是基于“专家印象分”来进行，据此而排出来的名次很难体现出其合理性客观性，自然也难以获得社会广泛的认同。更重要的是，不同的智库由于其专业性不同而关注的问题也不一样。这就正如一名眼科医生解决眼病与一名呼吸科医生解决呼吸道感染问题，我们如何对这两名医生进行排名？简单地排名显然是不合适的，也是对智库的曲解。众多智库的存在就是根据自己的专业通过社会调查发现社会中存在的问题，并且将这些问题通过内部渠道反映到决策层面，最终通过上级领导形成相关决策，排除现实中的问题。这就是城市智库的又一种重要实践。

4. 城市智库是城市对外营销和提高城市全球叙事能力的重要平台

城市品牌是城市的软实力。不过，城市品牌是多类型的，既包括有形的商业品牌，也包括无形的价值品牌，以及在城市发展历史进程中凝练出来的并能代表该城市特征的观念、文化符号所形成的城市战略品牌。商业品牌一旦形成就会对该品牌的母城市产生重要营销作用。例如，上海历史上最有名的“永久”“凤凰”以及一系列的“上海牌”，在国内几代消费者中产生重要的影响，为“上海制造”赢得了经典口碑。鉴于此，“上海牌”“上海制造”也就成为上海这种城市的战略品牌。在历经改革开放 40 多年以后，上海需要打造新的商业品牌，尤其是提升“上海牌”的能级，使“上海牌”以新的内容来构塑上海的战略品牌。北京也有众多的商业品牌，也影响了全国各地几代消费者。近年来，北京的城市智库提出了“北京创造”的概念，而且已经形成了一些有关“北京创造”的重要品牌。可见，商业品牌是城市软实力的重要载体。然而，我们不得不接受一个事实，中国各个城市的商业品牌在世界消费者中地位并不高。原因是多方面的，但除了品牌本身的信誉含量外，还在于过去相当长时期内，智库从来没有介入商业品牌的营销活动之中。相比之下，欧美国家的商业品牌既有商业品牌的相互植入式营销，也有智库对商业品牌的价值理念的营销，在价值商业品牌背身的信誉含量高，所以商业品牌很容易获得世界消费者的接纳。

值得注意的是，传统的有形的商业品牌逐渐退出城市品牌的阵营，代之而起的是无形的商业品牌，如符号品牌、观念品牌、价值品牌等文化意义上的品牌。文化意义上的品牌更加不易被人接受，也不太理解。文化意义上的品牌也是基于有形的商业品牌，所不同的是，这些无形的文化意义上的品牌是对有形的商业品牌的概念化、符号化、价值化的概括和抽象。它们更具有恒久性。例如，伦敦有“创意之都”之称，是因为伦敦的创意产业非常发达，无处不体现出创意的品牌；纽约有“演艺之都”之称，是因为纽约的演艺产业非常发达；巴黎有“时尚之都”之称，是因为巴黎无处不充满着时尚的生活情调；东京有“动漫之都”之称，也是因为东京的动漫产业居于世界前茅，等等。文化意义上的战略品牌离不开有形的商业品牌，离不开相关的产业支撑，更离不开城市的历史积淀。上海的城市精神被概括为“海纳百川，开明睿智，追求卓越，大气谦和”，这正是从上海的众多商业品牌中凝练出来的价值品牌。

无论是商业品牌还是符号品牌、文化品牌、价值品牌，都需要战略营销，都需要从一个城市走向世界，也就是都需要进行城市营销。“城市营销”概念最早来源于“国家营销”理念。菲利普·科特勒在《国家营销》一书中认为，国家营销就是通过国家商业品牌和战略品牌塑造国家形象，以影响外界对本国形象的积极认知。国家品牌首先表现为国际社会对国家产生的信任和认可，国家品牌一旦形成则对国家形象具有持久性的影响。国家品牌营销取决于国家品牌消费，品牌消费一般受消费者主观偏好的影响较小，但国家品牌却受国际认知主体的意识形态、价值观取向的影响非常大，甚至在一些国际主体看来是国家品牌，另一些认知主体则有可能对此大加贬责，也就是说褒贬不一。这也给国家营销带来了较大的困难。与国家营销一样，城市营销也是通过城市品牌来塑造城市形象，从而获得更多的发展资源和发展空间。城市营销的内容就是对外传播一个城市的文化、城市故事、城市叙事。因此，城市营销无疑就是提升城市软实力的重要手段之一。

当然，通过城市营销来全面提升城市软实力，既要打造城市营销的重要平台，尤其是融媒体平台，把城市的文化符号、价值符号，以及城市故事向世界传播，也要充分利用软实力的传播效应，制造能够产生积极营销效果的“象征事件”。然而，更深层次、更有持久意义的城市营销是城市智库对城市文化、思想、价值的“营销”。首先，智库本身就是全球思想交流的平台，一个城市的智库在与世界各国、各重要城市的智库进行思想交流，就会把该城市的文化、思想、价值以智库产品的形式传播到世界各国，从而使一个城市的本土性知识走向世界成为世界性的知识。其次，城市智库的思想生产资源来自该城市，包括城市的实践、城市的故事等，在此基础上所产生的智库思想，一旦在国际上传播，就必然演绎为城市营销的内容，也必然成为城市全球叙事的具体实践。再次，在城市举办的主场国际会议、国际赛事、国际展览中，智库也会借助于这些活动而对城市新的实践进行新的凝练，并提出新的理念在国际社会进行传播，从而提升城市的国际叙事能力。例如，上海作为国际大都市，在国际规则、国际议程，乃至创新全球治理机制等方面发挥着十分重要的作用。一些国际组织、国际价值早就已经成为上海国际叙事的重要成果，例如以上海命名的上海合作组织，及其以上海命名的价值理念“上海精神”。而2010年上海世博会倡导的“世界城市日”，被国际社会广泛接受，这充分体现了成功的上海全球叙事。这正是上海智库在其中所发挥的重要作用。当然，上海的全球叙事能力与上海的国际地位还不相匹配，上海的全球叙事能力还有重要的提升空间。鉴于此，需要打造承载“上海知识”“上海标准”“上海故事”的上海品牌，尤其是要充分利用上海文化的多样性，打造“最上海”的城市品牌，从而使上海的全球叙事有坚实牢固的物质基础，也让世界更多的人们对全新的“上海牌”产生亲近感和认同感。同样，如果中国各个城市都能够打造成最具本土化的城市品牌来承载城市故事、城市文化，又通过城市智库的全球营销转化为世界故事，那么所有以不同的城市故事构成的最重要的“中国故事”，就会在智库的对外传播中演绎为“世界故事”。

俗话说：“酒香也怕巷子深。”在信息时代，关注度取代了信息而成为稀缺性。城市营销既要提高对最具各自城市特色的文化元素、价值元素等的世界关注度，也要使中国不同的城市成为世界信息生产的重要基地，使信息生产成为“中国制造”的全新内容。这样，中国城市的营销既不缺信息，也不缺世界关注度。另外，中国各个城市在改革开放和现代化建设中都取得了辉煌的成就，由此而构成的中国“城市知识”在今天特别需要进行战略营销。因此，要充分发挥城市智库的思想传播和城市营销功能，使城市发展和城市有效治理的“中国知识”，转化为世界城市发展和成功治理的“世界知识”。这样就必将使中国城市软实力乃至中国国家软实力得到整体性的提升。

三、加强城市智库的思想生产

党的十八大以来，中国的国家软实力有了较大幅度的提升，上海城市智库成立比较早，发展也快，近年来也更加活跃。上海是国际大都市，不仅要在硬实力发展上具有引领性，而且在软实力上也要有国际影响力。这就需要发挥城市智库的作用。前文述及，城市智库不仅是城市软实力的重要构成要素，而且也是思想的生产地，还是对外传播思想的重要平台。由此我们可以看到智库三大核心功能：一是释政，二是资政，三是谏政。在中国，释政就是为党的路线方针政策的社会化服务，智库作为释政者就必须为党的重要理论、观点，以及由此形成的具体政策进行合理化、科学化解释。其目的就是要把党的执政方略形成社会的认同和共识。资政，简而言之就是为治国理政“出主意”。这分为两种情形，一种是在术上的资政，即为当前执政者“出主意”；另一种是在道上的资政，即为党和国家的长远利益进行战略考虑，也就是战略性智库。从术上的资政一般是指对具体问题提出参考性的建议。因而，资政既是要为党的执政方略提供建设性的建议，特别是通过对历史的研究，总结经验教训，使党在治国理政的过程中获得参考，也是要站在整个国家、民族利益的高度为国家的持续、健康发展提出建设性的意见和建议。谏政则是对党在治国理政过程中的不合理的措施和不科学的政策提出批评性意见，使之得到纠正。谏政是智库不可缺少的功能。中国封建专制朝廷都设有谏官，就是为了对君主的统治之策提供矫正之策。不过，谏官往往风险很大，在专制制度之下，谏官往往会因言失宠，因言获罪，因言丧命。当然，中国历史上也不乏善终的谏官，如唐太宗时期的魏征等。不过，熟悉历史的都知道，魏征也多次差点丢官丧命，因为他的谏言让唐太宗总是非常难受。而最难得的是，在李世民因魏征的谏言而回到后宫大发雷霆准备斩杀魏征这个“村野匹夫”的时候，皇后总是下跪向李世民道贺，恭喜皇上获得如此忠臣、良臣。唐太宗的心这时候才会豁然开朗。问题是，并非每个皇帝都有宽容之心，也并非每个皇帝后宫都有一位贤惠的皇后。因此，绝大多数情况下，封建专制时期的谏官大多是诺诺之徒。当代中国政治不同于封建专制政治，当代中国政治为不同意见的表达提供了必要的渠道，当代中国执政者和执政集团都想听到真话，尤其是智库作为知识分子的重要一部分，更加需要讲真话，更应该具有批评性的意见。无论是一个人还是一个群体、一个政党、一个城市，对客观规律的掌握总是有一个过程的，主观上总是存在缺陷的，因而在决策上就难免产生失误，甚至导致错误决策。在此情形下，智库的批评性意见就产生了矫偏纠过的作用。如果智库发现执政者的决策问题却不批评、不上谏言，反而为了获得所谓的肯定性批示还要说颂扬的话，那么智库就是在纵容执政者的错误，这样会给国家带来不可估量的损失，甚至危及国家安危。因此，谏政是智库不可或缺的功能。

智库的上述三种功能主要是对内而言的，智库还有一种非常重要的对外功能，即国际传播。然而，从中国改革开放初期政府智库建立以来，乃至今天各种体制内智库和体制外智库如雨后春笋般建立起来，中国智库的对外传播功能基本上没有涉及，甚至还有一种错误的认识，认为智库是为政府提供决策咨询服务的，涉及各类秘密、机密，不宜对外交流，也不能进行国际传播。这种认识显然是错误的。《关于加强中国特色新型智库建设的意见》明确指出："一个大国的发展进程，既是经济等硬实力提高的进程，也是思想文化等软实力提高的进程。智库是国家软实力的重要载体，越来越成为国际竞争力的重要因素，在对外交往中发挥着不可替代的作用。树立社会主义中国的良好形象，推动中华文化和当代中国价值观念走向世界，在国际舞台上发出中国声音，迫切需要发挥中国特色新型智库在公共外交和文化互鉴中的重要作用，不断增强我国的国际影响力和国际话语权。"这段话明确无误地指出智库在国际传播方面具有不可或缺的功能。

无论是内部的三大功能还是对外的传播功能，这些功能正常发挥的前提是智库必须要有思想生产能力，尤其是思想原创能力。因为只有原创的思想才能够更好地发挥释政、资政和谏政的功能，也只有原创的思想才具有最大的国际传播力。当前有一种错误的观点，认为学术研究与智库是不能兼得的。实际上，智库一刻也离不开思想的支撑，因为没有思想支撑的智库是没有灵魂的，也不会有持久的生命力。根深才能叶茂。没有扎实的理论基础和深厚的理论素养，智库就难以做出客观性、科学性的预判，也难以提出具有针对性的政策建议。正如有学者说，要想做好顾问，必须想要做好学问。学术思想与智库是鸟之两翼，客观上是不能分开的。智库为学术研究打开了一个全新的研究视野。因为，基于“有字之书”的学术研究固然是需要的，但基于“无字之书”的研究，对当今来说尤其重要。改革开放产生了不少问题，不走向社会，不进行社会调查，就难以深化理论研究。即使通过书本获得了理论，但缺乏鲜活材料支撑的理论，那也是苍白无力的。理论只有建立在具体材料的基础上才能焕发出勃勃的生命力。

那么，智库的思想原创力来自何处呢？我认为，首先要努力做自主性研究。无论是体制内的还是体制外的，中国智库最初的定位就是“党和政府的思想库、智囊团”，这也造成了一种认识上的错觉，即只服务于党和政府。因此，中国的智库所有的研究报告和对策建议都是朝着一个目标去的，那就是党和政府，甚至把本智库的报告呈到中南海作为最高目标。而要做到这一点，智库的研究报告就必然以揣摩领导的喜好或仅仅是以阐释党和政府文件为主要研究任务。因而，绝大多数中国智库的研究缺乏自主性。没有自主性的研究就必然缺乏思想原创。其次，要加强独立性研究。在中国，不管体制外还是体制内智库都是围绕党和国家政策来研究的，先天性地存在着一种“政策依赖性”，根本不是具有独立性研究的智库。独立性的研究尤其是作为决策参考的独立性研究不应该是唯一的政策方案，而是在同一环境之下不断改变影响变量和条件而提出多个政策方案，这样的研究不仅能够提高党和政府包括城市治理决策的科学性，而且还会产生原创性的思想并将引起国际同行的高度关注。最后，要加强社会实践调查，使智库的研究更接地气，这样思想理论才能有底气。毛泽东当年就曾经说过，中国革命的胜利需要中国同志了解中国情况。这也就是强调实践调查的重要性。智库研究也是一样，中国智库的原创思想只能来源于中国专家深入中国社会的调查研究。理论的底气正是指理论的创新性、战略性和基于这种理论的政策咨询的客观性和科学性。只有这种有深厚理论底蕴的智库才是有灵魂的智库，才是智慧之库。智库只有如此才能够正常发挥释政、资政、谏政的功能，才能在国际社会产生重大影响力；也只有这样的智库才能够体现中国软实力的品质和内涵。

实际上，智库一刻也离不开理论支撑，因为没有理论支撑的智库是没有灵魂的，也不会有持久的生命力。有道是，根深才能叶茂。基础理论研究就好比是根，政策咨询则是叶。根不深则叶不茂。没有扎实的理论基础和深厚的理论素养，智库就难以做出客观性、科学性的预判，因而也就难以提出具有针对性的政策建议。所谓做好顾问就是做好咨政的智库，这是以深厚的学术研究为前提的。既然如此，那就意味着智库不是要淡化学术研究，相反，智库更加强调学术研究的重要性。从这个角度来看，智库为理论研究打开了一个全新的研究视野。因为，基于“有字之书”的学术研究固然是需要的，但基于“无字之书”的研究，对当今来说尤其重要。改革开放产生了不少问题，不走向社会，不进行社会调查，就难以深化理论研究。即使通过书本获得了理论，但缺乏鲜活材料支撑的理论，那也是苍白无力的。实践需要理论做指导，因为理论是从实践中抽象出来的规律。反过来，理论必须来源于实践，没有实践支撑的理论则是空洞的。

研究要接地气，理论才能有底气。研究的地气主要指两个方面的内容，一方面是指借助于图书、档案等材料而研究出来的东西，这是一种地气。另一方面是进行广泛的田野调查，基于这些田野调查数据而研究出来的东西。这种更是实实在在接地气的东西。两种地气都需要。没有前人研究的成果（即图书、档案中的东西），就不知道前人研究的状况，也寻找不到研究从哪里开始。但没有田野调查，就缺乏感性认识，完全靠逻辑推理既缺乏现实感，又缺乏科学性。研究接地气主要是指这两方面的地气。由此可见，智库不仅没有伤及学术，反而为学术研究提供了更广阔的空间。

当前智库出现了一哄而上的现象，似乎各个机构都是智库。如果这些智库能够寻找自己的特色、自己的优势，为国家提供有针对性的特色服务，相互之间在错位竞争中为国家发展提供咨询服务，这当然是好事。但是，情况似乎并非如此。大多数的机构为了获得国家更大的资源支持而都争先恐后地做综合性智库，似乎所有问题都研究。实际上，各个机构都是为抢夺政府资源而进行智库圈地。这种不良竞争态势不仅不能为国家进行有效服务，反而会导致大量资源在不同机构中的争夺并进而引起严重的重复性研究和资源浪费。从中央提出建设中国特色社会主义高端智库以后，已经有一段时间的磨合了。各机构应该开始思考自身的功能定位，而不是一味地去抢夺资源。这是从机构的角度来看，智库会导致学术资源和国家财政资源的严重浪费。从学者的角度来看，学者往往为了尽快争取资源和尽快获得政府的认可，成为党和政府靠得住、用得着、离不开的智库专家，而不惜逆势转型，丢掉理论研究而专事政策咨询。结果，学术的东西越来越少，社会活动越来越多。于是，学者不像学者，社会活动家又不像社会活动家。这种“四不像”的角色成为当前中国一些学者的一种特殊肖像。所以，社会看不起，政府也因其政策报告不可靠而不相信它。长期下去，学者也就没有学者的学术权威感了，在民众和政府面前，只是一个普通的话语解释者，而不是政策话语和学术话语的建构者。

前文述及，学术与智库，是鸟之两翼，客观上是无法分开的。但现实中甚至科研管理上以及学者本人都人为地将二者分开，这既不是学术目的，也不是智库的本意。只有当学术与智库二者之间形成良性互动之时，那么学术与智库就达到了“秋水共长天一色”的和谐境界。这样的智库才能成为党和国家以及智库所在城市真正意义的智库，并且是在灵魂的统领下而具有无限生命力的战略性智库，这样的智库既是国家的软实力，更直接就是所在城市的软实力。

第七章

城市形象与城市转型

关于城市转型与城市形象的问题，我们不得不想到德国著名历史地理学家李希霍芬。他在 19 世纪 70 年代前后去过中国很多城市，他在日记中对中国城市形象有诸多的描述，后来编辑成册名为《李希霍芬中国旅行日记》，并被中国出版社翻译成中文，这里不妨引述一些内容。关于上海，他日记中是这样记录的："上海的街道距我上次来这里已经有明显的改变，街道上铺了碎石子，还建了排水沟，比以前干净了很多。外滩也扩宽了，并且建了石墙，很多新房子矗立起来了，其中就有英国俱乐部。还开通了一条往徐家汇去的路，跑马场也搬迁了，并被装饰一新。看来这座中国城市也因为欧洲的投机生意而扩大了，只是那些房子大部分都空着，并没有人租赁或是购买……"我们再来看李希霍芬笔下的天津，"天津农田广袤，人口密集。土地被分割成小块，并给大面积地种植着同样的作物，更像园圃的样子。房子是用麦秆混着泥土建成的，并且在村子里紧紧挨在一起……天津城里欧洲租界死气沉沉。房子建得非常坚固，街道也宽阔，'外滩'也比其他的港口漂亮，但是路上看不到一个人。这里的贸易在 1860 年后很快就凋敝了，主要原因是大运河不能使用了，所以大部分房产已经转到了中国人手中"。从这两段话来看，当时的天津似乎比上海要更为发达，天津的形象似乎比上海也更好一些。北京虽然是皇城、帝都，但在李希霍芬笔下却是不堪入目的一幕，"整个北京城看起来脏极了。人们几乎都没有办法在街上走。坐马车也是一件十分危险的事情，因为车夫仅仅凭借对地形的熟悉才能躲过那些水坑和垃圾坑，这些坑大概占了街道一半的面积……北京是一座破败而且贫困的城市……"由此可见，帝都未必就是最繁华的。在李希霍芬的日记中还涉及众多的中小城市，这里就不一一罗列了，但我们从中可以知道，城市是随着时代的变化而转型更新的，只有不断转型更新，城市形象才会改变和提升。在时代不断变化的情况下，城市若抱残守缺，那么就会被时代所淘汰。我们从李希霍芬的描述中可以看到，北京作为首都，由于保守势力所主导，城市转型和城市更新都没有提上日程，所以“脏极了”。同样，曾经繁华的天津竟然在一个多世纪的沧海桑田中衰落了。上海似乎是另外一种情形，那就是把握住了时代的脉搏而不断进行城市转型和城市更新。

城市转型主要包括三方面的内容：一是城市更新，也就是如何以新代旧、修旧如旧，特别是如何把“工业锈带”变成“生活秀带”和“文化秀带”；二是韧性城市建设，主要是指城市在灾难下如何挺立，以及在灾后的恢复能力的建设；三是城市转型，也就是如何从传统城市走向现代城市，如何从经济城市变成文化城市，如何从文化城市走向智慧城市。前面的转型基本完成，但每一次转型是对上一次转型内容的叠加，而不是根本颠覆。当前正处于从文化城市向智慧城市的转型期，也就是城市数字化和数字化社区建设。城市形象是城市软实力最重要的内容。那么，在城市数字化转型阶段我们如何提升城市形象？

一、城市形象与城市软实力

城市形象一方面是靠城市通过自己的基础设施、媒体等展现出来的给外界形成的印象；另一方面也是外界通过城市的各种信息而建构起来的对城市的一种认知。这两方面是一个硬币的两个面具有互构性。但不管怎样互构，第一印象至关重要。由于这一“第一印象”，城市从此被人“爱”，或者被人“厌”。因此，城市形象非常关键，是城市软实力向外的重要载体。城市形象实际上是城市软实力最重要的内容。

城市形象往往与人们的审美取向有关，有的喜欢高楼大厦，有的喜欢小桥流水；有的喜欢现代都市风光，有的喜欢古色古香……不过，城市形象与城市的建筑、城市经济、城市环境、城市人文、城市的技术水平有关，这些正是城市转型的核心要素。从历史来看，城市经历了两次重大转型：第一次即从战争属性向经济属性的转型，这体现了城市功能的根本性转型；第二次是从聚焦于增强硬实力向兼顾软实力提升的转型，这次转型包含了城市治理现代化和城市灵魂的塑造内容。当前，城市正在进行第三次转型，即从功能外向型扩溢向内涵式提升的转型。城市的每次转型是对上次转型内容的叠加，而不是将过去的内容彻底颠覆。

二、城市形象的提升

城市最初的形象是城市的建筑，而从城市建筑来看，城市是设计出来的，而且是为战争设计出来的。最初的城市几乎都是为了战争的需要。例如，伍子胥设计姑苏城就是为了帮助吴国摧毁楚国，从而实现报复楚国的愿望。姑苏城给人的印象是：小桥流水、粉墙黛瓦、古迹名园。嘉峪关市因是抵御匈奴的要塞而成为一个边塞城市。两千多年前开辟的中国与西方经济文化交流的“丝绸古道”及历代兵家征战的“古战场”烽燧依稀可见。嘉峪关市给人的印象是浑厚古朴，雄关英姿。北京历史悠久，从元朝开始，正式成为我国统一封建王朝的统治中心。北京给人的印象是：都城、皇城、宫城构成层层相套的

“回”字形城墙建筑系统，庞大的宫殿建筑群。

城市发展必然依托于经济发展，自明清开始，城市的发展越来越注重经济，城市经济就成为城市形象的另一种表现。从这一点来看，城市是建设起来的。这一点为我们理解明清时期江南城市发展非常快提供了一条路径。正是因为江南经济发展快，尤其是江南出现了资本主义的萌芽，商业、手工业等迅速发展起来，出现了众多的集贸市场，由集贸市场逐渐发展为小镇，然后小城，然后城市。这时候，经济成为城市发展的关键动力，从那时候起，经济发达使得城市更具有吸引力。从人口和城市的分布来看也是这样，“胡焕庸线”的右下边是城市和人口聚集的地方，反映了城市的吸引力。

随着经济的发展，城市的形象又有了新的内涵，即城市应该是一个拥有良好秩序的地方，因而城市就需要治理。城市不是无序的，也不是弱肉强食的，而是有规训的。从这一点来看，城市环境需要城市治理，或者说，城市是治理出来的环境。正如前文所说，城市治理是从道德规训到制度规训再到技术规训的治理发展过程。道德规训主要体现在市民的自觉上，城市集中了高素质的市民，这一批市民是可以通过道德的自我规训来维护一定范围的城市秩序的。但完全靠道德规训是不可能的，毕竟城市的竞争也会带来利益的冲突，这时候就需要政府扮演治理主体的角色，制定相关的制度来进行相关方面的规训，从而实现城市的有序化，理想的目的就是走向城市的“善治”。然而，技术的发展和实际运用，给城市治理提供了新的工具，技术被大规模地运用到城市治理之中，如大数据、人工智能等。当然，这些技术首先是用来服务市民的，但事实上也发挥了对城市的规训作用。制度、安全、信用与技术一起，就构成了城市治理体系，而治理体系现代化则体现在制度完善、环境安全、信用体系完备和技术的广泛运用上。

城市的数字化转型实际上是治理体系现代化最直接、最新的体现。城市治理现代化还有一部分是治理能力的内容，它包括城市治理主体的能力，如政府的能力、公务员素质等，以及市民素质即城市治理客体的能力，如市民的学习能力、技术适应能力、契约精神，以及日常行为。市民素质也是最重要的城市形象塑造要素，在某些情况下，一个城市的市民素质成为外界认识城市和构塑城市形象的关键性因素。

城市是有灵魂的，城市文化就是城市的灵魂，表现为城市品格和城市精神。城市文化包含：一是历史传统文化。每一个城市都有其独特的历史文化，城市是历史性文化雕塑的结果，没有这种文化，城市就没有底蕴。例如，上海的“海派文化”、广州的“岭南文化”、西北诸城市的“塞外文化”等。二是现代文化：城市是当代市民奋斗的人生舞台，当代市民是城市文化的直接生产者、创造者，作为城市文化的增量大大丰富了城市文化的存量。最重要的就是以互联网为基础的各种新兴技术文化，这是代表一个城市现代化水平的文化。三是外来文化。文化是可以共享的，城市文化本就是“混合体”，外来文化是城市文化的新元素，对城市的发展能够产生“鲇鱼效应”。对外来文化的包容性程度越高，这样的城市越具有吸引力。

三、城市数字化转型与数字家园建设

我们回到第一部分最后的那个判断，即当前城市处于从外向型扩溢向内涵式提升的转型。外向型扩溢的主要手段就是在经济发展的前提下进行必要的城市营销，如塑造城市品牌、打造城市 IP、演绎城市故事等，从而使这个城市的形象深深地引入人们的心中，让外界对这个城市产生积极的认知。而内涵式提升则在于用城市聚焦于城市的内在要素的修炼，并通过内在素质来吸引人们来这里定居、工作和实现自己的人生梦想。城市最初以经济繁荣、经济安全、环境宜居来吸引人们；但到今天，城市内在素质需要有新的提升，在大数据条件下，人们不仅关注并努力将城市治理与大数据结合起来，而且也试图将生活环境数字化，从而使生活更加便捷、友好。城市数字化和数字社区就是一种以技术为手段的内涵式提升。数字化是助推城市高质量发展的重要抓手。城市数字化水平决定了当代城市的形象和城市软实力水平。

城市数字化转型包括：经济数字化转型，即城市经济形态和经济结构以数字产业为主，数字经济占据绝对主导地位；生活数字化转型，即数字化安防、数字化出行、数字化生活等；治理数字化转型，即大数据治理，大数据在防疫治理上已经充分体现出其重要性了。通过这些方面的数字化转型，我们的目的是要构筑一个面向未来的数字城市（Digital City）。

城市数字化转型有一个历史发展进程，从 1994 年中国进入互联网协议之后，城市发展或者说城市转型大致经历了四个阶段：

第一阶段：上网工程，始于信息高速公路建设和城市上网工程，这个阶段大约用了 10—15 年，这是互联网推动之下以政府上网工程为内容的过程，主要是对互联网在城市治理、城市服务方面抱有很高的期待，但对互联网的安全认识并不充分。在整个世界都对“千年虫”深表忧虑的时候，“上网工程”曾一度冷遇。然而，随着“千年虫”现象被规避以后，上网工程加速推进。到 2008 年前后，基本上完成。

第二阶段：数字城市阶段，大约 6 年的时间，其内容主要是城市数字化改造，尝试将物理城市进行数字化改造后建设成为一个数字化城市。这期间主要是数字化改造的试点，在一些街道、社区进行试点，因而在城市中形成了分散的数字化社区，这些社区被当作未来社区的样板。社区、市民的攀比，以及社区管理者的政绩示范，助推了城市数字化进程。各个社区都开始打造数字化城市，主要是担心数字孤岛、信息孤岛等，数字化城市建设迅速成为城市建设和城市发展的必然选择，于是导入了“智慧城市”的概念。这个过程一直延续到2014年。

第三阶段：2014年，国家八部委出台了《关于促进智慧城市健康发展的指导意见》，智慧城市纳入国家有关部委的统筹之中，主要是努力将局部的城市数字化社区实行联动共享，这主要是借助于新的技术，如移动通信、云计算、大数据组等进行跨区域联动，以达到城市智能化治理的目的。不过，《指导意见》主要是为了避免重复建设、资源浪费、政绩工程等问题，不是针对技术本身的推广，而是对技术使用的行政性规范。

第四阶段：新型智慧城市阶段。2016年，《新型智慧城市评价指标》发布，目的是真正要破除信息孤岛、数据孤岛，加强城乡统筹，建成智慧城市一体化运作格局，于是人工智能、大数据、区块链、5G等技术全面引入智慧城市建设。

当前智慧城市和数字化社区的主要内容：

一是智慧城市，包含智慧技术、智慧产业、智慧应用、智慧服务、智慧治理、智慧人文、智慧生活等内容。其中与百姓生活最为息息相关的智慧应用主要体现在交通、电网、物流、医疗、食品系统、药品系统、环保、水资源管理、气象、企业、银行、政府、家庭、社区、学校、建筑、楼宇、油田、农业等诸多方面，给人类生活带来的改变可以想见。融合应用物联网、互联网、移动通信等各种信息技术，发展社区政务、智慧家居系统、智慧楼宇管理、智慧社区服务、社区远程监控、安全管理、智慧商务办公等智慧应用系统，使居民生活“智能化发展”。智慧教育文化服务积极推进智慧教育文化体系建设。重点建设教育综合信息网、网络学校、数字化课件、教学资源库、虚拟图书馆、教学综合管理系统、远程教育系统等资源共享数据库及共享应用平台系统。

二是智慧公共服务和城市管理系统。通过加强就业、医疗、文化、安居等专业性应用系统建设，通过提升城市建设和管理的规范化、精准化和智能化水平，有效促进城市公共资源在全市范围共享，积极推动城市人流、物流、信息流、资金流的协调高效运行，在提升城市运行效率和公共服务水平的同时，推动城市发展转型升级。

三是智慧城市综合体：采用视觉采集和识别、各类传感器、无线定位系统、RFID、条码识别、视觉标签等顶尖技术，构建智能视觉物联网，对城市综合体的要素进行智能感知、自动数据采集，涵盖城市综合体当中的商业、办公、居住、旅店、展览、餐饮、会议、文娱和交通、灯光照明、信息通信和显示等方方面面，将采集的数据可视化和规范化，让管理者能进行可视化城市综合体管理。

四是智慧政务城市综合管理运营平台：此类项目已有实际落地案例，主要包括指挥中心、计算机网络机房、智能监控系统、街道图书馆和数字化公共服务网络系统四个部分，其中指挥中心系统囊括政府智慧大脑六大中枢系统，分别为公安应急系统，公共服务系统，社会管理系统，城市管理系统，经济分析系统，舆情分析系统，该项目为满足政府应急指挥和决策办公的需要，对区域内现有监控系统进行升级换代，增加智能视觉分析设备，提升快速反应速度，做到事前预警，事中处理及时迅速，并统一数据、统一网络，建设数据中心、共享平台，从根本上有效地将政府各个部门的数据信息互联互通，并对整个区域的车流、人流、物流实现全面的感知。

五是智慧安居服务：这主要是指融合应用物联网、互联网、移动通信等各种信息技术的城市安居服务体系。其内容包括社区服务系统、智慧家居系统、智慧楼宇管理系统、社区远程监控系统、智慧商务办公系统等。

六是智慧教育文化服务：积极推进智慧教育文化体系建设。建设完善城市教育城域网和校园网工程，推动智慧教育事业发展，重点建设教育综合信息网、网络学校、数字化课件、教学资源库、虚拟图书馆、教学综合管理系统、远程教育系统等资源共享数据库及共享应用平台系统。继续推进再教育工程，提供多渠道的教育培训就业服务，建设学习型社会。继续深化“文化共享”工程建设，积极推进先进网络文化的发展，加快新闻出版、广播影视、电子娱乐等行业信息化步伐，加强信息资源整合，完善公共文化信息服务体系。构建旅游公共信息服务平台，提供更加便捷的旅游服务，提升旅游文化品牌。

七是智慧服务应用：主要是指智慧物流、智慧贸易等。智慧物流也就是配合综合物流园区信息化建设，推广射频识别（RFID）、多维条码、卫星定位、货物跟踪、电子商务等信息技术在物流行业中的应用，加快基于物联网的物流信息平台及第四方物流信息平台建设，整合物流资源，实现物流政务服务和物流商务服务的一体化，推动信息化、标准化、智能化的物流企业和物流产业发展。智慧贸易也就是指企业通过自建网站或第三方电子商务平台，开展网上询价、网上采购、网上营销、网上支付等电子商务活动。

八是智慧健康保障体系：如“数字卫生”系统等，尤其是以医院管理和电子病历为重点的全市居民电子健康档案；以医院服务网络化为内容的远程挂号、电子收费、数字远程医疗服务、图文体检诊断系统等智慧医疗系统。

九是智慧交通：如“数字交通”工程，通过监控、监测、交通流量分布优化等技术，完善公安、城管、公路等监控体系和信息网络系统，以交通诱导、应急指挥、智能出行、出租车和公交车管理等系统为重点的、统一的智能化城市交通综合管理和服务系统，实现交通信息的充分共享、公路交通状况的实时监控及管理的智能交通系统。

四、城市数字化转型的伦理反思

上述城市数字化转型的确给市民的工作、生活带来便捷，使市民切身地感受到技术带来的便捷和幸福感。不过，城市究竟转型到何处？转型的目标究竟是什么？居民对城市转型的需求是什么？尽管政府、行业乃至具体到课题组都希望推进这种转型，那么，这是否就是市民所需要的？在对城市转型发展观察的过程中，我发现至少有这样三种矛盾：一是技术发展的惯性与市民数据素养永远短缺的矛盾。技术发展是无限的，只要科技伦理允许，技术发展将会在可见到的未来长期发展和继续保持着一日千里的发展速度。那么，城市数字化进程是否要紧跟其也无限发展下去？也就是会不会导致“数字化过度”？毕竟我们是通过在具体的生活中获得生活的智慧，当一切都被数字化所取代，人们的生活智慧就会在这个进程中退化，也就是智能的“返祖现象”。虽然数字化给生活带来了便捷，但市民为了适应数字化却被技术迅速抛弃成为数字化时代的“弃民”；同时，城市的代际不公和代际冲突迅速转化为数字技术的代际冲突，即对技术的掌握程度不一样而引发的代际不公和代际冲突。

二是技术供给依赖症与城市治理实践、市民生活实践急迫症的矛盾。技术最大的好处是可以替代人工的枯燥乏味的重复性过程。这可以说是把人从简单劳动中解放出来了，但这并不意味着这个过程成为“无人化”治理过程了。治理归根到底是人与人之间的互动并为人解决实质性的问题，在数字化面前，人作为治理的主体就陷入前面所说的“供给依赖症”之中，即把一切都交给技术，而人完全成为技术之下的工具。而城市治理的实践和生活的实践在一个快节奏之下而对治理的实践有一种非常急迫感，也就是实践的急迫症。那么线上“技术政府”与线下“物理政府”是否能够继续保持同步运行？

三是环境安全过剩与人的安全不足的矛盾。数字化社区究竟是对社区的监控还是对社区的服务？从大数据运用于城市治理以来，然后又经历了大数据防疫等，我们一方面看到大数据在维护我们的环境安全上发挥了非常积极的作用。在大数据之下，城市治理主体为市民提供了一个几乎是绝对的安全环境。但是，大数据也吞噬了市民应有的公共空间和必要的私密空间，在大数据之下，如何保护社区居民的数据安全，如何确保社区公共空间一定程度的私密与相对宽松的居民释放空间即“社会安全阀”等，也就自然地提上了日程。更为重要的是，大数据之下，人的安全是最为关键的，城市是人的城市，当人不安全的时候，那么一切都是徒劳白费的。问题是，当下的城市治理考虑更多的是环境安全，以至于环境安全严重过剩，而人的安全却严重不足；并且为了环境安全而不断地蚕食人的安全要素。城市的安全不仅包括城市环境的安全，而且还包括人的私密的安全，以及人自身的安全，这三者能够统一起来的安全，才是城市在安全问题上最大的软实力。

五、城市营销：把“城市知识”转化为“世界知识”

城市营销是提升城市软实力的重要手段，而城市营销的内容首先是城市的品牌。上海的重要商业品牌已在前文中介绍。其他城市也都有自己的重要商业品牌，如青岛的“青岛啤酒”“海尔”等，四川的“五粮液”“大熊猫”等，贵州的“茅台”等。因此，诸如“上海牌”“上海制造”也就成为上海这座城市的战略品牌。在历经改革开放40多年以后，中国各个城市都需要打造新的商业品牌，尤其是提升城市品牌的能级，使城市品牌以新的内容来构塑城市的战略品牌。可见，商业品牌是城市软实力的重要载体。上海城市发展进程中所体现的精神，以及上海作为国际大都市所展现出来的城市品格是上海商业品牌所凝练的价值。上海的文化融江南文化、海派文化、农耕文化、渔村文化于一身，再经契约精神与伟大建党精神的塑造，红色文化与历史传统构筑起上海最为独特的“石库门精神”。复杂的文化雕塑出上海城市的包容性品格，这样的城市品格也必然嵌入和渗透到上海的有形商业品牌和无形价值品牌之中。城市营销的内容就是对外传播城市文化、城市故事、城市叙事等，从而把以这些为内容的“城市知识”转化为“世界知识”，使世界因受城市文化、城市故事、城市叙事的浸染而自然会联想到具体的城市，甚至内心自然而形成了具体城市的某种形象。

城市形象有一个重要特点，它既是城市营销的客体，也是城市营销的工具。作为客体，城市形象需要借助于其他手段和工具来提升自己；作为营销的工具，城市形象本身具有传播的功能，并对城市的对外传播具有巨大的增幅效应，对信息的反馈也具有非常高的敏感性。因此，通过城市营销来全面提升城市软实力，既要打造城市营销的重要平台，尤其是融媒体平台，把城市的文化符号、价值符号，以及城市故事向世界传播，也要充分利用城市形象的增幅效应，制造能够产生积极营销效果的“象征事件”，使之成为城市的重要形象 IP。

城市营销和全面提升城市形象，归根到底就是要聚焦于使“城市知识”成为“世界知识”，使“城市标准”成为“世界标准”，使“城市故事”成为“世界故事”，全方位地提升城市的全球叙事能力。

上海最大的城市软实力，就表现为“上海知识”成功转化为“世界知识”，这也是上海影响世界和参与全球治理的重要途径。当然，中国的每一个城市都有自己独特的城市故事、城市文化和城市叙事，都应该通过城市营销把自己的“城市知识”转化为“世界知识”，使之成为世界构塑中国城市形象的重要知识源泉。

第八章

历史文化遗存保护与城市软实力

改革开放以来，城市化进程加快，随之而来的是旧城区以及其中的文化遗存保护和城郊地区的文化遗存保护问题越来越突出。文化是城市的根与灵魂，而历史文化遗存不仅是城市历史文化的载体，而且也是城市个性化最重要的标识。与此同时，城市的发展越来越强调文化的重要性，把城市的经济属性扩展为经济属性与文化属性兼具的城市。因此，近年来各个城市都在打造城市的文化高地和文化品牌，尤其是挖掘城市的历史文化遗存，并使之转化为促进经济发展的新的动力，当然也是为了提升城市品位和增强城市软实力。

一、历史文化遗存保护对城市软实力的意义

历史文化遗存首先是历史建筑。历史建筑是城市历史的文化化石。有学者曾经指出，“城市历史环境是防止城市生态简化的重要力量”，它“作为历史遗存，丰富了城市的物质构成、景观构成以及文化构成，使得城市生态简化的趋势得以终止或逆转”。城市历史建筑作为城市环境的有机组成部分，对于城市的可持续发展有着重要的作用。城市文化遗存实际上就是文化显现的城市文化基因，城市文化基因在城市社会发展进程中具有非常强的发展惯性，因而对城市发展的影响具有持久性、长期性。这就是城市发展的可持续性的重要动力。可持续发展的思想最早提出是在 20 世纪 70 年代。最初，它主要是指一种人与周边自然环境的和谐共处，强调的是要改变传统工业化模式所导致的人口激增、资源短缺、环境污染和生态破坏等问题。后来，人们又进一步认识到，人与环境的和谐相处作为可持续发展的目标应该有两层含义：一个是所谓人与自然环境的和谐相处，就是要保护生

物的多样性；另一个就是人类与人文历史环境的和谐相处，也就是还要保护文化的多样性及其延续性。这样的观点在 1992 年世界环境与发展大会通过的《21 世纪议程》中得到了确定，即它以文化多样性的概念拓展了生物多样性的范畴，突出了人文历史环境在人类可持续发展中的重要作用。从这一意义上看，历史建筑作为城市人文历史环境的一部分，是见证城市历史发展过程的活化石。它相当稳定地保存着城市发展演变过程中不同阶段的经济、社会、文化内容，是城市历史发展的结晶和缩影，具有独特性、稀缺性和不可复制性。任何城市的发展，都应该要更加珍视这一份历史遗产，善于利用好现存的优秀历史建筑，强调城市物质构成和景观构成的多样化，使历史建筑更好地融入城市，使城市更加适宜人居，这必将有利于增强城市的可持续发展能力，增强城市的软实力。然而，我们必须认识到这样一个事实，城市历史建筑的不可复制性也决定了它们实际上是十分脆弱的，一旦破坏就再难恢复，其损失将难以估量，城市历史的文脉将不复存在，城市将变得浅薄而残缺，依托于历史建筑的城市软实力便无从谈起。

历史建筑的保护、开发和利用有利于城市精神和城市品格的锻造。城市历史建筑本身包含了丰富的历史信息，它作为一种符号系统，蕴含着复杂多样的意义，更是一系列重要历史人物、重大历史事件的承载者，时时都在向人们传递着丰富的历史文化内涵。其存在可以让现在的城市居民直观地体验到曾经生活于这座城市中的先民的生活习俗及奋斗经历，更是进行历史教育的极好的材料，这有利于市民提升自身的思想境界、人文素质和创造能力，进一步锻造城市精神和城市品格。这主要表现在两个方面：一方面，历史建筑所构成的历史文化氛围能够提升城市的品位，给居住于这个城市的人们以一种精神的熏陶，城市在历史发展过程中积淀的规则意识、自强精神、创新精神、包容意识以及全球化的视野等都可以通过历史建筑以及与之相关的文化、故事潜移默化地给人影响。另一方面，在这样一个有着浓厚历史文化氛围的城市中，人们都能够有一种工作和生活的舒适感，这种舒适感是一个现代化都市必备的基本特征之一，它的存在能够使人们感受到精神上的愉悦，而这样一种氛围必然能够创造出一种昂扬向上的城市面貌，也有利于个人创新能力的开拓，而人的发展与完善正是城市可持续发展的基础所在，也是提升城市软实力的要义所在。

城市历史建筑有着重要的文化开发价值，尤其与城市文化创意产业的发展有着密切关系，有利于延续城市历史文脉。从世界范围来看，文化创意产业的发展都与城市历史风貌、历史建筑的保护和开发有着密切的关系，创业者往往充分利用特定区域内的历史文化遗产，开展相关的创意活动，因此有利于延续城市的历史文脉，有利于增强城市软实力。在这方面目前世界上最成功的案例无疑是美国纽约的苏荷区。1973 年，纽约将苏荷区列为保护区，这一地区众多的厂房仓库成为历史遗产。于是大量的艺术家纷纷入驻。到今天，苏荷区已经成为时尚的代名词，也成为纽约房地产最昂贵的地段。上海的城市历史建筑可以大致分为江南传统建筑、近代海派建筑和现当代建筑，它们分别对应于江南文化、海派文化，共同构成了上海历史建筑的系谱，是上海城市历史文脉的重要组成部分。从文化利用开发的角度看，目前较多地集中于以石库门为代表的海派建筑，较典型者如新天地、田子坊、步高里等，经过十几年的发展，在某种意义上，它们已经成为上海城市的象征之一。上海本来是江南的一部分，而以老城厢为代表的区域正是承载了上海城市文化中的江南基因，其中优秀历史建筑遗产的内涵有待进一步的发掘利用；城市文化的创意与开发如能更好地与古代建筑与当代建筑的利用相结合，必将有益于进一步打造“上海文化”品牌，进一步提升上海城市软实力。

南京有一个南捕厅历史文化街区，位于南京老城南区域，它承载着几千年来的南京“老城南”都市民俗文化。近代以来，随着现代工业的发展，曾经繁华的老街功能衰退、传统建筑年久失修，面临着逐渐消失的威胁。为修复、挖掘该区域的建筑特色和民俗文化，打造南京的城市文化名片，其中引入了包括“绿柳居”“小苏州”“张小泉”“李顺昌”等传统老字号，为人们提供了一个别具一格的感受江南传统市民生活的场所。通过保护历史资源并与现代生活相结合，形成满足现代人需求的特色消费点，发展文化休闲产业，再以文化休闲产业反哺城市历史文化资源的保护，形成保护与发展的良性循环，从而大大提升了南京的城市形象和整体的城市软实力。

杭州也围绕“一湖二塔三岛三堤”西湖全景“世纪之梦”和再现300年前“一湖映双塔”“湖中镶三岛”“三堤凌碧波”历史风貌的根本目标，对西湖和整个杭州城区进行文化遗存的普查、修复和整治，这对丰富杭州旅游内涵、打响“游在杭州”品牌、推进现代化国际风景旅游城市建设，无疑将产生巨大而深远的影响。打好“文化牌”是实施西湖综保工程的“战略制高点”，能否突出文化内涵，是衡量工程建设成败的重要标尺。按照《威尼斯宪章》确定的原则，西湖综合保护工程充分注重保存历史文化遗存的完整性、真实性、连续性和可识别性，不仅在规划上注重文化导向，更注重在建设中着重体现文化品位；不仅注重整体文化氛围，更注重历史细节和文明碎片；不仅重视风景名胜的文化内涵，更注意景区内外商业环境的文化特色，加大文化资源的整合力度，做到山水与人文完美结合、天然与人工精致和谐，保持西湖文化序列完整、特色鲜明，使人们在领略湖光山色、如画风景中体味独特的文化气息，在抒发怀古之情、兴亡之叹中感受扑面的风景魅力。杨公堤、里六桥和七大景区的迷人风采，使西湖已基本恢复300年前的历史风貌。因此，杭州又回到了“江南忆，最忆是杭州”的江南乡愁。

二、历史文化遗存的保护性开发促进城市可持续发展

实际上，全国各类城市近年来都非常重视城市历史文化遗存的发掘、保护。例如，扬州、苏州等沿运河的主要城市都在开发大运河文化，大运河文化不仅对沿岸各地的经济发展具有重要软实力价值，而且对推进“一带一路”高质量发展也具有重要意义。一般认为，大运河始于春秋时期的“邗沟”。据《左传》记载，公元前486年（周敬王三十四年即鲁哀公九年），“秋，吴城邗，沟通江、淮”。意思就是吴王夫差开凿“邗沟”。把长江和淮河连通起来。鲁哀公时代，吴越争霸态势是，吴王阖闾被越王打败，且因身负重伤而死，夫差继位；夫差为父亲报仇与越军战于夫椒（今江苏太湖中洞庭山），越军战败，主力被歼。吴军乘胜追击，占领越都会稽（今浙江绍兴）。越王勾践率余部5000人被围于会稽山上，勾践请降。按照伍子胥的计划是建议吴王彻底灭掉越国，“今不灭越，后必悔之”，但夫差因急于北上中原争霸，未采纳伍子胥建议，以越王质吴为条件，许降撤兵。正是为了北伐逐鹿中原，吴王夫差才修邗沟以便进行战争物资动员。第二年，吴国与鲁国、邾国等共同讨伐齐国，但齐国人杀死了齐悼公，且打败了吴国、鲁国联军，吴军撤回。鲁哀公十一年（公元前484年），吴国再次北伐攻打齐国，并在山东菏泽开凿菏水，使钱塘江、长江、

淮河、黄河四大水系相连。数百年后，东汉权臣曹操在河北地区开凿运河，建立了黄河和海河水系之间的联系。可见，早在东汉时期运河就沟通了五大水系。伍子胥对吴王再次北伐劝谏无果后，只好把儿子托付给齐国的鲍氏，后来改为王孙氏。吴王夫差听到这消息后，便赐死伍子胥。经过十多年的征战，吴王夫差并没有在北方取得好的战绩，反而使吴国内部日益空虚，而这时候的越国却在屈辱中崛起。因为越王勾践被夫差打败后，卧薪尝胆，于鲁哀公二十一年（前 474 年）再次兴兵讨吴，吴国被灭，夫差自刎，时年 55 岁。这就是大运河文化的早期历史。这段历史与苏州、扬州等市发展有直接关系。一般来说，文化总是给人以温情脉脉的感觉，但我们今天所说的大运河文化，最初却是诸侯争霸血淋淋的场面。当然，战争之后就会慢慢演化为一种平静的日常，并积淀为我们今天所说的历史文化。

大运河虽然首先是为了战争，然后为了运输，但这都与大运河沿岸的城市发展有直接的关系，尤其是与沿岸城市的商业文化有直接关系。大运河的商业文化比西北地区城市商业文化更为发达。尤其是到了唐宋以及明清，大运河的商业文化成为非常亮丽的城市风景。大唐时期，来自西域、波斯、阿拉伯乃至罗马的商人，尤其是当时丝绸之路上最有名的商业民族粟特人等，后来大多聚居于大运河沿岸，且以杭州、苏州、扬州等南方商业城市为主。于是，长久下来，逐渐形成了中国独特的城市带，即大运河城市带。这条城市带把中国东部最重要的城市都连接起来。城市群、城市带的雏形出来后，在明清时期产生了江南地区的商业阶层，因此江南商业和商品经济比中国其他地区都要发达。不过，资本主义在这里并没有真正发展起来，究竟是什么原因，学术界迄今为止还是歧见纷呈。加州学派的代表之一彭慕兰（Kenneth Pomeranz）提出了“大分流”理论，并认为“大分流”始于19世纪，在1800年以前，中国与欧洲、长三角与英格兰的表现非常相似。不过，彭慕兰的分析过于实证，而且分析的对象也过于琐碎，不具有充分的说服力。后来，王国斌和罗森塔尔（Jane-Laurent Rosenthal）对彭慕兰的观点进行了修正，引入了政治的制度分析，但也主要还是从政府税收的角度来分析的，依然没有足够的说服力。美籍华人学者刘子健则认为，古代中国与欧洲的“权力转移”始于12世纪，此前东西方大致一致，而宋代是中国的“近代前期”，遗憾的是，欧洲从12世纪进入近代，而当时的中国却陷入困境，终止于“近代前期”。这些观点基本上是“大分流”的不同注释，尤其是表现在“分流”的时间上，并没有直接研究江南经济、江南城市发展与运河文化之间的关系。

大运河在沟通物质交换的同时，大大削弱了地域文化的不平衡。运河文化以黄河文明为中心，同时融合了多民族文化差别。由此，把吴越文化、江南文化、齐鲁文化、中土文化、江淮文化、黄河文化、燕北文化等几乎全部囊括，错综融会在中国传统思想悠久的时空之中，每一种文化都与大运河相映衬，每一段运河又滋养出独特的城市文化。

除了大运河外，还有一条并不大也不长的运河非常值得一提。这就是秦朝开凿的灵渠。灵渠的凿通，沟通了湘江、漓江，打通了南北水上通道，为秦王朝统一岭南提供了重要的保证，大批粮草经水路运往岭南，有了充足的物资供应。公元前214年，即灵渠凿成通航的当年，秦军就攻克岭南，随即设立桂林、象郡、南海3郡，将岭南正式纳入中国版图。灵渠事实上是秦汉时期沟通长安到大海的关键枢纽。从长安经沔水横渡长江入洞庭，然后沿湘江逆流而上到灵渠；过灵渠后进入珠江流域，经西江入北流江、南流江经合浦（今北海市合浦县）注入南海，我们迄今还隐隐约约可以看到一条古老的战争征伐之道后来就变成了一条繁荣的商道。据《汉书》记载，在汉武帝时期，公元前 111 年第一艘商船从合浦出发到达东南亚诸国，合浦实际上就是古代海上丝绸之路的始发港。这实际上与这条商道有密切的关系。由此可见，战争之后，军事上的漕运就转化为商用漕运，文化性质也发生了根本改变。由此可见，灵渠虽然很短，但它沟通了长江和珠江两大水系，从永州到贺州到桂林、玉林，一直到合浦（北海），这里从秦始皇统一中国以后就成为多文化聚集之地。

例如永州以及道州（今道县），这是非常古老的两个城市，因为西汉汉武帝时期开通的从长安到合浦的商路而成为有名的历史名城。于是，这里历史文化资源非常丰富：其一，这里此前就有一个非常著名的历史文化符号即舜帝，代表了一种独特的治国理政的文化。据《史记》记载：舜“南巡狩，崩于苍梧之野，葬于江南九嶷”。据悉，舜巡狩四方，整顿礼制，减轻刑罚，要求人民“行厚德，远佞人”，“直而温，宽而栗，刚而毋虐，简而毋傲”，孝敬父母，和睦邻里。在其治理下，政教大行，八方宾服，四海咸颂舜功，因而《史记·五帝本纪》称舜帝是道德文化的鼻祖，“天下明德，皆自虞帝始”。尤其是舜重孝道、明礼仪的文化内容，几乎没有被纳入官方的祭奠仪式之中，因而也更不可能成为人们的日常生活的内容。尽管中国传统文化都强调孝道，但孝道和礼仪早已被政治的仪式化冲洗得荡然无存。其二是廉文化。谈到廉不能不想到周敦颐《爱莲说》的名句：“出淤泥而不染，濯清涟而不妖。”周敦颐是北宋道州营道楼田堡（今湖南省道县）人，儒家理学思想的鼻祖。周敦颐有很高的学术成就，后人有诸多评价，如胡宏《通书略序》：“今周子启程氏兄弟以不传之妙，一回万古之光明，如日丽天，将为百世之利泽，如水行地。其功盖在孔孟之间矣。”黄宗羲《宋儒学案》：“孔子而后，汉儒止有传经之学，性道微言之绝久矣。元公崛起，二程嗣之……若论阐发心性义理之精微，端数元公之破暗也。”廉洁文化的另一代表仍然是道县人何绍基。何绍基出身于书香门第，其父何凌汉曾任户部尚书，是知名的书法家、教育家、学者、藏书家。何绍基兄弟四人均习文善书，人称“何氏四杰”。何绍基于道光十五年（1835 年）中举人，次年中进士，授翰林院编修。历任文渊阁校理、国史馆提调等职，曾充福建、贵州、广东乡试正、副考官。咸丰二年（1852 年）任四川学政。为官仅两年，次年因条陈时务得罪权贵，被斥为“肆意妄言”，受谗言所害，降官调职。遂辞去官职，四处游学，一生豪饮健游，遍历名山胜地，拓碑访古。作为教育家、书法家的何绍基自不在话下，但他能够宁愿讲真话而不愿趋炎附势，从而保全了一位政治官员的名誉与尊严。其三是勤文化。怀素以勤劳著称，唐朝著名书法家，字藏真，俗姓钱，永州零陵（今湖南永州零陵）人，以“狂草”名世，史称“草圣”，自幼出家为僧，经禅之暇，爱好书法。与张旭齐名，合称“颠张狂素”。怀素与张旭形成唐代书法双峰并峙的局面，也是中国草书史上两座高峰。怀素，自幼家贫，买不起纸张，经常在寺院的墙壁上、衣服上、器皿上，芭蕉叶上，练习书法；为了练字，还制作了一块漆盘。为了求师访友，怀素作万里之行，经衡阳、客潭州，北上岳州，后又南下广州，“遂担笈杖锡，西游上国，谒见当代名公”。正因为访问了诸多名家名师，怀素的书法，笔法瘦劲，飞动自然，如骤雨旋风，随手万变，虽率意颠逸，千变万化，而法度具备。这并不是一个“勤”字能够书写他的人生的，但怀素的确是永州勤文化的代表。另外就是“笔”文化，这里的笔是指文采之意，说明永州人的妙笔生花，而此与柳宗元有关。柳宗元被贬永州司马，在永州留下了不少美文。在众多人眼里只知道《捕蛇者说》，这只是一篇针砭时事的文章，但显示其“笔”文化的则是永州八记，它包括《始得西山宴游记》《钴鉧潭记》《钴鉧潭西小丘记》《至小丘西小石潭记》《袁家渴记》《石渠记》《石涧记》《小石城山记》。随便的一山一水在柳宗元笔下就成为最生动的风景画。陆游曾有诗：“挥毫留得江山助，不到潇湘岂有诗。”实际上，柳宗元的美文无疑也是来自潇湘边上的美丽景色。

在历史建筑遗存上，永州最有名的一是摩崖文化，二是民居文化。就摩崖文化而言，是因为永州一直就是文人骚客黯然迁谪之所，也因此而获得中原文明的开化。正所谓“礼失求诸野”。据考证，在永州的摩崖石刻达到 150 处。最为有名的是浯溪石刻，它位于湖南省永州市祁阳县浯溪公园内。此处苍崖石壁，濒临湘江，巍然突兀，连绵 78 米，最高处拔地 30 余米，为摩崖文字天然好刻处。因而，浯溪露天摩崖，为南国摩崖第一家，为神州一颗璀璨的文化明珠。浯溪摩崖诗文书法，博大精深，具有丰富的文化内涵，历时千百年，享誉海内外。唐刻《大唐中兴颂》碑为浯溪摩崖之精华。颜真卿写颂时下笔激越高昂，气势磅礴，字字刚正雄伟，气度恢宏，精神内蕴，字里行间充满刚毅之气，使中兴碑成为鲁公生平得意之笔，被誉为“宇宙杰作”，致使后人“自拜不能休”。清乾隆帝见到拓片便视为“天球拱璧”。其次是朝阳岩石刻。东邻湘江上游潇水的朝阳岩，奇石遍布，岩洞深幽。唐代文学家、曾任道州刺史的元结乘舟路过此地，将其命名为“朝阳岩”，并写下“朝阳岩下湘水深，朝阳洞口寒泉清。零陵城郭夹湘岸，岩洞幽奇带郡城”等诗句。自唐、宋、元、明、清以至民国，柳宗元、黄庭坚、何绍基等都在此留下大量墨宝，石刻星罗棋布，其内容形制之多、之奇、之怪，国内外均属罕见。此外，月岩、阳华岩等的石刻也是非常有名的。月岩因周敦颐在这里坐壁苦读而出名。民居文化是永州历史建筑文化的另一道历史风景线。永州民居基本上都是青砖瓦房，地下铺的是青石板。道县的罗福堂乡龙村，这是目前有记录的永州建村最早的村子，已有两千多年的历史，历史虽然久远但砖瓦楼阁风雅依然，散发着被时光浸润过的温暖与暗香，沿着光影斑驳的青石小道，载着岁月的亘古，由远及近，看龙村悠然地舒展开古朴祥和的神韵。另一个是江永的上甘棠村。如画的山水，古色古香的建筑，朴素的村民，走进上甘棠村就宛如步入了世外桃源。该村千年古村落，仅次于罗福堂龙村。记住这些村落是为了知晓永州文化的来龙去脉。

最独特的文化遗存是“女书”。江永女书是现在世界上唯一存在的性别文字——妇女专用文字，它的发展、传承及其符号承载的文化信息构成了女书风俗。女书记录的语言是女书流行与众不同的永明土话。女书文字呈长菱形，笔画纤细均匀，似蚊似蚁，民间叫作长脚蚊字或蚂蚁字，因其专为妇女所用，学术界便将其称为“女书”。女书主要是当地才情女子采用这种男人不识的女书互通心迹，诉说衷肠，将其刺绣、刻画、戳印、书写于纸扇巾帕女红。绝大部分为歌体，其载体分纸、书、扇、巾四大类。形式包括女书书法、篆刻、激光微雕、石雕、木雕、竹雕、明信片、女巾、女扇、女书提包等，主要内容是写婚姻家庭、社会交往、幽怨私情、乡里逸闻、歌谣谜语等。

最后，民族文化不得不提到道县龙舟文化。道州龙舟也叫道州龙船，是湖南省的汉族传统民俗活动。道州端午划龙舟始于宋代，是为祭祀屈原。如今，道州龙舟赛依然保留着古老的传统，每艘龙舟都有固定的名称，船头雕刻也有龙、虎、凤、鹰、猫等不同标志。至 2010 年，这一汉族民俗文化已被道州纳为打造道州龙舟文化产业的重要活动之一。2002 年，道州被湖南省人民政府授予“龙舟之乡”称号。2006 年，“道州龙舟赛”被列入湖南省非物质文化遗产名录。道州龙舟在汉族民间的影响深远，俗语道“五月五，龙舟下水打烂鼓”，说明比赛的激烈和热闹气氛。清光绪三年修《道州志》记载：“（道州）五月端午，城市龙舟竞渡于东西洲，鼓声喧震，观者如堵。”过去统治阶级讲讳忌，龙舟的“龙”是“天子皇帝”的象征，道州人为避皇帝的讳忌，把龙舟头改成了“虎头、凤头”等船头。近年来，永州及各县在发展经济的同时，也越来越重视文化，充分挖掘文化在社会经济发展中的作用。永州古城、道州古城都以修旧如旧的方式正在重新焕发出古色古香的文化气息。

与灵渠有关的城市还有贺州、桂林，以及合浦。潇贺古道是一条通行要道，更是一条文化之道、贸易之道。过了灵渠进入广西后，沿江而下一直到合浦，这里一路便是秦汉文化，尤其是合浦，保留了大量的汉墓和日常生活的汉文化元素。北海市借助于此努力打造成为穿越秦汉的文化旅游之城。总之，几乎所有的城市都有自己的深厚的历史底蕴，都在挖掘历史文化元素，为推动城市的社会经济可持续发展注入文化的力量。

三、历史文化遗存保护中的乱象与治理

历史文化有可能是文化资源，但也有可能是文化包袱。历史文化保护的前提：一是大力推动历史遗存的普查、挖掘工作。委托文物保护专家以入户调查的方式，重点梳理城市内的自然地理要素、街巷肌理与街坊建筑的历史与现存状况。普查、挖掘的直接目的是鉴别文化

精华与糟粕。二是将保护文化遗存工作纳入城市规划，同时在保护方法上建立合适的保护类型和模式。三是要形成以文化展示、传统商业和休闲服务为主的功能定位，突出对传统街区历史风貌保护和对保留建筑的改造利用。

然而，在历史文化保护中的确出现了一些乱象。这表现为：一是部分精华与糟粕都挖掘出来并试图转化为文化产业资源。例如，相关城市就把西门庆、潘金莲等挖掘出来作为城市软实力的资源来利用。这或许在短期内能够成为文化产业的元素，但这将颠覆社会的三观，以至于不明是非、不讲伦理成为社会的风尚。二是穷极所有来挖掘文化资源，却忽视了经济发展的本质。也就是说，在文化资源挖掘与经济发展之间出现了严重的本末倒置现象。三是城市历史文化遗存的保护与修复自然很重要，但不少城市不是保护，而是为了整齐划一地把旧城区建筑全都以修旧如旧的方式进行拆后修缮。那实际上就是人为建造所谓的古城，而不是古城的历史风貌的自然遗存。这实际上是行政领导追求政绩所致。《中华人民共和国文物保护法》第二十一条规定："对不可移动文物进行修缮、保养、迁移，必须遵守不改变文物原状的原则。"该原则虽然强调的是"修旧如旧"的原则，但是，许多历史城市在进行古建维修时，往往是施工人员拆掉很多原有构件，改变了原来的结构，丢掉了许多细节。"城市更新"并不是指推倒原来的事物后再建立新的东西，而是指在原有基础上开发出新的东西。一个是立足原有基础，一个是抛开原有基础，两者南辕北辙。在错误理念指导下，有些地方将大片历史街区、历史建筑拆掉，破坏了原有的历史街区风貌，对历史遗存造成巨大的伤害，给城市带来不可挽回的巨大损失。更有甚者，将"城市更新"理解为旧城改造，他们大拆大建，对城市土地进行强度过大、速度过快的开发，将许多有历史价值的老街区、老建筑拆毁，在原址上建造高楼大厦，破坏了历史城市的轮廓线，更破坏了历史城市的生态环境，这样做等于丢掉了自身最宝贵的东西，不仅不能促进城市的发展，反而使自身的历史根基遭到削弱。城市更新的根本宗旨在于：一是保护文化遗存，二是以市民生活快乐为本。保护文化遗存是为了更好地让市民幸福快乐地生活。正是从这个意义上来讲，文化遗存保护就是要把“城市锈带”更新为“生活秀带”。因此，在文化遗存保护的问题上，绝对不能厚古薄今，而是吸收历史文化中最优秀的东西，并把它们进行现代化的转换，使之成为城市发展的文化资源，也就是使之转化为城市软实力。

鉴于此，历史文化遗存保护的行为也需要进行依法治理，以便使历史文化真正成为城市软实力最重要的资源。这里笔者以上海等几个城市为例来阐述历史文化遗存保护中的治理问题。上海首先是依法治理，早在 1991 年上海市政府颁布了《上海市优秀近代建筑保护管理办法》。这是上海市第一个涉及历史保护的地方性法规，它确定了优秀近代建筑的范围，将优秀近代建筑分为全国重点文物保护单位、上海市文物保护单位和上海市建筑保护单位三个级别明确了各自的管辖机构（文管委及房地局）和管理权限，明确优秀近代建筑应划定其保护范围和建设控制地带，提出保护要求。这一法规的颁布是上海地方政府保护城市历史建筑遗产的一个重要开端。从 1998 年起，上海市政府开始制定新一轮的改造方针，从原先的以拆为主改变为“拆、改、留、修”并存的方针，并且提出了改造的六种模式，其中包括保护历史风貌，内部功能置换；保护历史风貌，使用方法回归；延续历史风貌，完善居住功能；街区风貌延续，社区结构保持；街区风貌重塑，社区结构重组；街区风貌重塑，使用功能更新。这一方针的提出表明上海市旧区改造的模式发生了很大的改变，建筑遗产保护的思想得到了强调和重视。2002 年 7 月《上海市历史文化风貌区和优秀历史建筑保护条例》颁布，其中最重要的内容就是明确规定了历史文化风貌区以及优秀历史建筑的认定办法及其保护方式。根据这一条例，上海自 2003 年起在全市确立了外滩历史文化风貌区等 12 个历史文化风貌区，并且先后分三批审定 398 处市级优秀历史建筑，总面积达到近 27 平方千米。2017 年 5 月，中共上海市第十一次代表大会正式提出“建筑是可以阅读的，街区是可以漫步的，公园是可以休憩的，城市是有温度的”；同年 7 月，上海市政府又印发了《关于深化城市有机更新促进历史风貌保护工作的若干意见》。“建筑可阅读”愿景的提出在全市各个层面引发了较为广泛的讨论，上海城市优秀历史建筑的被关注度获得了空前的提高。2021 年 1 月，上海市第十五届人民代表大会第五次会议正式批准了《上海市国民经济和社会发展第十四个五年规划和二〇三五年远景目标纲要》，进一步提出要加强对历史文化建筑的保护和利用，推进向公众全面开放，围绕历史建筑，开发更具历史、文化和科技元素的特色文创产品和旅游线路，全面提升“街区可漫步”“建筑可阅读”的服务水平，要适应社会生活数字化转型新需求，推动文化、旅游与数字科技的深度融合。上海优秀历史建筑的保护与利用从此进入了一个全新的阶段。从上海市关于历史文化遗存保护治理的情况来看，其目的一是通过城市更新，延续历史建筑的文化脉络，激活其历史文化内涵，统筹处理好城市历史建筑活化利用与改善民生的关系，增加民众获得感。二是通过深化“建筑可阅读”行动，提升市民游客体验历史建筑的舒适度和便捷度。当然，最终目的在于使上海这个国际大都市既有现代都市的繁华，也有历史文化的底蕴，使人们能够近悦远来。

上海的历史文化遗存保护和城市更新不得不提及杨浦区滨江的改

造。这是一个从“工业锈带”更新为“生活秀带”的典型案例。首先是瑞荣船厂旧址的土地收储问题。瑞荣船厂是最早的机械修船厂，后来属于江南造船厂，船厂后面是密集的旧里。滨江改造的第一个难：土地收储。旧区改造和土地收储不仅是滨江开发建设的空间基础，旧里改造也是滨江最大的民生。至2019年底，杨浦滨江南段整体收储基本完成，市、区两级储备机构共储备土地约1.8平方千米，涉及企业22家，工业码头6处。“十三五”期间，杨浦滨江南段及滨江腹地共完成旧改2.6万户，显著改善居民居住条件。基本完成了沿江大企业集团土地岸线码头的收储任务。但是，杨浦是二级以下旧里最为集中的中心城区之一。而滨江区域是杨浦二级以下旧里最集中的区域。“十三五”期间，滨江区域共完成旧改2.6万户，完成30亩土地和5个码头（310米）收储。另一方面，滨江南段核心区共保留24处、总建筑面积达26.2万平方米的历史建筑和百年工业遗存。2020年完成剩余的2万户。杨树浦以北至平凉路之间的旧里0.5平方千米，约1.6万户。每年7000—8000户，以每户500万的成本算，每年投入约400亿。

现在政府资金主要来源于财政资金、举债资金、PPP融资资金等有限渠道。但是由于杨浦区是上海旧区改造“大户”，财政资金压力较大，在进行滨江地区旧厂旧居动迁时，财政资金往往“捉襟见肘”，很难“财大气粗”。对此，上海创新运用了“市、区联合储备”工作机制，上海市土地储备中心与杨浦区土地发展中心分别以60%和40%的承担比例，共同投资，进行杨浦滨江地区整体收储和综合开发。在具体实施中，杨浦区还探索实践了土地出让溢价分成机制、存量更新机制，在坚持公共利益优先的原则下，促成“政企合作、利益共享、责任共担”。根据《上海市关于本市盘活存量工业用地的实施办法》，存量工业用地收储并出让土地使用权后，原土地权利人可以参与土地溢价分成，充分调动了企业积极性。对有条件的地块，实施存量更新，推动低效用地转型升级。依托市区土地联合收储机制，加强统筹协调，解决部分企业和部队要求土地置换等诉求，逐步扫除了历史遗留问题等工作障碍。近年来，沿江土地原使用人越来越认识到滨江资源的价值，故而“惜售”，对政府的土地收购补偿价格抱有很大预期，部分企业还提出了异地安置的补偿要求，以保障企业持续发展。多数企业明确表示希望参与改造开发或者就地转型而不是单纯被政府土地收储。复兴岛以南以西的南端滨江除了少数保留和改造项目外，基本完成了先期的土地收储，根据协议，部分收储土地达成了土地出让金“超额分成”机制。如今的瑞荣船厂旧址已经成为杨浦滨江重要文化地标之一。

其次是杨树浦滨江百年水厂旧址改造。杨树浦水厂由上海英商于公元 1881 年建造，是上海建厂最早、规模最大的水厂，厂区内英国古典城堡式建筑群是上海市近代优秀建筑。1883 年，时任北洋通商大臣的李鸿章拧开阀门开闸放水，标志着中国第一座现代化水厂正式建成。自开闸放水以来，为上海 5 个区，近 300 万市民供水。水厂安全牵涉到千家万户，而滨江贯通后，行人走到厂区周边，给制水安全带来隐患。但杨浦滨江岸线的贯通，又须从水厂经过。因此，杨树浦水厂段是杨浦滨江带上最长的“断点”，也是滨江公共空间贯通的一大难点。

为了贯通这一断点，设计团队最初就想到了在防汛墙外设置一条平行于水岸的景观步行桥方案，但该方案遭到水务部门的否定——利用黄浦江有严格的规章制度，不能占用水域，影响江面宽度。随后，设计师又先后想到了两个方案：一是从水厂上方架设空中走廊，但该方案占用水厂用地，与工业设施会有冲突，对安全生产影响太大；二是用约 10 个趸船连接成一段长“浮桥”，虽不占用江面但管理复杂。就在设计团队束手无策之时，杨树浦水厂提出要在防汛墙外设置拦污网、隔油网、防撞桩，挑战瞬间变成了机遇，设计师利用防撞桩顶部，将景观步行桥整合其中，形成公共通道，同时可以创造新的游人观赏江景和水厂历史建筑的角度，产生独一无二的漫游体验。这就有了杨树浦水厂滨江段最美的 535 米亲水栈道的设计。

杨浦滨江原本是单一的防洪墙，在景观设计师与水利工程师的通力合作之下，被改造成两级系统。新的防汛体系以弹性的方式在减少暴风雨威胁的同时，保证了市民的游览体验不受影响：第一级墙顶部与保留的高桩码头地面高度相同，形成连续的活动空间，并且不会影响市民的正常活动；第二级墙采用了千年一遇的标准，位置后退了 20—30 米，完全隐藏在景观覆土和种植地形中，不会造成视线遮挡，人们可以舒适地欣赏黄浦江美丽的城市天际线。杨浦滨江的种植设计，既稳固了生态同时又兼顾了观景感受。滨江改造的种植设计分为上下两个层次，在有效加强河岸防御能力的同时，打造宜人的观景环境并保证通往江边的视觉通廊：上层主要是乔木，以本土树种为主，可以稳定生长并抵御台风；下层是各种草本植物，摇曳在江风中可以呈现动态景观，也与厚重的工业遗存形成鲜明对比。在滨江上，随处可见的座椅与休憩平台，为市民提供了更加舒适的休闲环境。同时，设计团队十分注重休闲设施的使用感，通透的视野、防护的栏杆以及充盈的绿化，共同为市民带来一个充满绿色、舒适宜人的公园体验。

杨浦滨江公共空间开发利用创新实践，从“坚持人民至上、依靠人民建设、实现人民满意、促进人民全面发展”四个维度，诠释了从“工业锈带”更新为“生活秀带”的历程。从 2002 年至今 20 多年来，杨浦滨江根据上海市黄浦江两岸综合开发统一部署，结合其区位特征、发展阶段与战略定位，先后迈过土地收储、规划设计、建设开发“三道坎”，还江于民、生态优先、再现风貌，实现了杨浦滨江从“工业锈带”到“生活秀带”的华丽转身，也创造了特大城市更新的奇迹。

苏州市是首批国家历史文化名城，在历史文化遗存保护方面也同样走在全国前列。苏州建立了整体、系统的历史文化遗存保护体系，构建了覆盖市域、市区、历史城区三个空间层次，包含自然生态环境及景观、文化生态带（廊）、文化景观区、世界遗产、江南水乡历史文化聚落体系、历史文化街区和历史地段、文物保护单位和历史建筑、非物质文化遗产和优秀传统文化 8 个类型的历史文化名城保护体系，实现了时间全承载、空间全覆盖、要素全囊括。与此同时，苏州一方面推进苏州园林和非物质文化遗产的转化和发展，打造出一张张“江南名片”；另一方面，苏州把非物质文化遗产融入了日常生活，使之成为现代生活的一部分，例如苏州评弹、苏绣等都通过日常生活而展现出巨大的魅力，也就是苏州城市的魅力。正是由于苏州在历史文化遗存的保护上取得了巨大成就，也产生了巨大的示范效应，因此苏州的经济发展也一直处于全国前列。这也正如阿尔温·托夫勒所说的：哪里有文化，哪里就有经济繁荣；哪里经济繁荣，文化就会向哪里转移。

第九章

城市危机管理与城市安全

城市安全是城市软实力最重要的内容之一。一个城市的吸引力固然需要经济发展、好的基础设施、充足的文化设施等，但更需要一个给人以安全的城市环境。对于一个异乡人来说，无论是旅游观光还是投资、工作、定居，谁也不愿意选择一个社会动荡、犯罪率高、生产安全事故频发、流行性疾病频繁等的城市。这样的城市不会有所谓的软实力，身居其中一定是无奈的选择。因此，城市安全对市民的生活、工作来说至关重要。党的二十大报告指出，要全面加强国家安全体系和能力。其中就包括增加和维护国家安全能力、提高公共安全治理水平、完善社会治理体系。当然，国家安全所包含的所有内容都与城市有关，甚至可以说，城市安全显得更为重要。

一、城市安全内涵的复杂性

国家要统筹发展与安全两件大事，城市也同样要统筹发展与安全两件大事。与农村相比，城市安全的内涵显得尤为复杂。从影响市民安全的因素来看，我们大致可以作以下的分类：

第一类指城市环境的安全，包括环境对市民无害、无威胁；交通设施为市民提供便捷出行的同时，其运行是安全的、有秩序的；市民所处的工作环境、生活环境没有受到相关的污染，等等。在这种安全的前提下，城市还应该追求美好环境，如生态、宜居等，这些最初没有纳入环境安全之中，但近年来城市的生态、宜居等因素也被纳入城市环境安全之中。

第二类是城市食品、用品的安全，这个问题最初源于2008年的“三鹿奶粉事件”，奶粉中的三聚氰胺严重超标导致婴幼儿健康受到严重影响，社会上出现了诸如“大头娃娃”的问题。后来经全面检查和整顿后发现，食品添加剂超标的问题普遍存在，诸如苏丹红、孔雀绿、吊白块、一滴飘香等竟然在食品中普遍存在，从而引起了广大市民和全社会对食品安全的极度不信任。当时社会上流传着这样的顺口溜：吃肉怕激素，吃菜怕尿素，喝饮料怕色素，到底吃什么，老百姓心里没有数。于是，在那以后市民都纷纷转向了所谓的“有机蔬菜”“农家猪肉”等食品，奶粉则纷纷转向进口奶粉。这对“中国制造”造成了严重的冲击。

第三类是隐私安全，这是在大数据时代产生的新的安全问题。随着大数据技术普遍应用于城市治理以后，大数据技术对数据的搜集能力、挖掘能力超乎人们的想象。最初，大数据技术在应用于城市治理的初衷是为了使城市环境更加安全，但大数据的“反”技术却反过来对市民的数据进行反复挖掘和利用，导致市民数据大规模暴露于互联网。当然，这也包括不良商家和不法分子的恶意搜集与数据买卖所引发的个人隐私安全问题。此外，城市治理中在应用大数据的时候技术属于第三方委托，即由企业提供、政府购买来进行应用的，那就意味着所有搜集的数据并不在政府手里，而是在掌握技术的商家手里，只要商家想对数据进行挖掘开发以及数据买卖，那么这些数据所涉及的个人隐私就存在着安全的风险。疫情期间的各种健康码、行程码等就存在着非常严重的个人数据隐私方面的安全隐患。这就是前面所说的，城市环境的安全并不意味着市民自身的安全。

第四类是城市生产的安全，这涉及生产领域的各个方面，工厂、企业、政府机关、事业单位等，尤其是工厂、企业生产的安全至关重要。生产领域的安全问题包括火灾、爆炸、楼房坍塌等，都属于突发性的意外事件。但是，由于此类事件的“象征性政治”特别大，因而其社会影响力特别大。当然，对市民的生命财产的危害也非常大。此类安全事件每年几乎在每个城市都或多或少地发生，可谓防不胜防。

第五类是自然因素所引发的城市安全问题，如地震、海啸、山洪、洪灾、旱灾、泥石流、流行性疾病等。从中国历史来看，华夏民族主要是农耕民族，因而对自然的依赖性特别强，但抗自然灾害的能力却比较弱。黄仁宇先生在他的《中国大历史》一书中就提及此种情况。他指出正是由于华夏民族抗自然灾害的能力弱小，因而才会需要一个强大的中央政府。当然这是一家之言，但也的确是有重要相关性的。在中国史书上记载了众多的地震、洪灾、旱灾，以及瘟疫等流行性疾病，由此引发的生命、财产安全在相当大程度上影响着人们对城市生活的选择。很显然，根据“胡焕庸线”，其上侧属于干旱、地震、泥石流容易发生的地区和相应的城市，城市定居人口相对较少；相反，其下侧自然灾害引发的安全问题相对比较少，加之经济在明清时期以后就迅速超越了传统的经济发达地区，因此定居在下侧城市的人口越来越多。

第六类是亚政治运动诸如恐怖主义、分裂主义、极端主义等引发的城市安全问题。在中国这不是普遍性问题，但在中国西部地区的个别城市如乌鲁木齐、喀什等地，它们的确存在。然而，2014 年昆明“3.01”事件爆发后，全国各个城市都提升了防范级别，这主要是因为事件本身给中国各个城市安全提了一个醒。

除了上述安全领域之外，还有的是跨领域、跨部门、跨地区的安全问题，这很难归为哪一类，而是具有综合性的特征。但是，不管是哪类安全或综合安全问题，都需要一套健全的城市安全体系来维护，使城市为市民的生命、财产、隐私等提供安全保障。为此，需要城市的各个部门加强协作，提高城市的安全水平。不过，城市安全的水平和城市安全的感知都与城市危机管理有关。城市危机管理体系完备和城市危机管理能力高的城市，则城市安全的水平和感知都比较高。

二、城市危机管理

城市危机管理包括两个方面的主要内容，一是城市危机的常态性管理，二是城市的突发性事件应急管理。常态性管理的机构包括城市防洪抗旱办公室、疾病控制中心、安全生产办公室、气象局、地震局等。这些都属于城市危机的常态性管理机构。这些机构一般会通过正规的官方渠道发布相关的预警提示，这些预警提示一般都会按照颜色来区别其等级，当颜色升级到黄色、红色的时候，危机常态性管理就会转化为应急管理。然后一系列的应急措施就会跟上。因此，城市危机的常态性管理属于城市日常生活、生产安全不可或缺的内容，常态性管理的目的是防患于未然。一般来说，此类管理不太容易被市民所感知，但正是由于这些机构的存在并正常运转，城市的安全才有了可靠的保障。

城市突发事件的应急管理是随着全球化的负面效应产生的，尤其是世界进入风险社会以后而做出的极速应对，以确保市民安全。风险社会是德国社会学家乌尔里希·贝克对后现代社会的一种诠释。实际上，早在 20 世纪 50 年代，随着核时代的到来，人们就开始意识到核的使用过程中所潜藏的巨大风险，人们的关注点也由原来的环境风险及社会承受风险的能力问题转移到核问题产生的风险上，并且，风险分析开始渗透到社会科学的各个领域。20 世纪 80 年代，在继 70 年代全球环境问题如公共卫生、水和空气污染问题相继提上议程之后，人们开始对风险产生各种各样的焦虑。1986 年受苏联切尔诺贝利核事故的影响，人们开始反思风险所带来的社会冲突。正是在这种反思的基础上，贝克提出了风险社会的理论。自 1986 年以来，贝克发表了一系列著作对现代性进行了反思，从《风险社会》到《风险时代的生态政治》《世界风险社会》《风险社会理论修正》等对风险以及风险社会的理论进行了深入而全面的论述。贝克认为，工业社会为绝大多数社会成员造就了舒适安逸的生存环境，同时也带来了生态环境危机、核危机等足以毁灭全人类的巨大风险。这些风险不同于工业化时期以前人类所遭遇的各种自然灾害，因为那些自然灾害并非人类的某些决策导致的，而工业化技术条件下的风险则源于人们的重大决策。当然，这些决策往往不是由无数个体草率做出的，而是由整个专家组织、经济集团或政治派别权衡利弊得失后所做出的。因此，贝克指出，风险正是由“有组织地不负责任”的决策所致。贝克在《风险社会》一书发表两年之后又发表了《解毒剂》一书。在书中，他指出，所谓“有组织地不负责任”是指公司、政策制定者和专家结成的联盟首先制造了当代社会中的危险，然后又建立一套话语来推卸责任。这样，普通社会成员长期以来由于缺乏风险的意识而对风险一无所知或者是“对恐惧的否认”。贝克说，现代经济制度、法律制度和政治制度不仅卷入了风险制造之中，而且也参与了对风险真相的掩盖。而掌权者总是为社会公众打造一个“未雨绸缪的政府”和一个“采取预防措施的政府”，从而导致了各种保险制度的出现，这种情形提供了自主创新的可能性，同时也包含了错误抉择的危险，这种风险将被未雨绸缪的各种治疗原则所掩盖。同时，信息时代的冷漠也被民主的温和面纱所遮盖，解开这层面纱的背后则是社会的不平等的现实。在这种不平等的社会现实下，被压抑的社会中下层的种种政治反抗运动常常以亚政治

（sub-politics）运动的形式表现出来。从核辐射风险到埃博拉病毒、禽流感、炭疽、鼠疫、SARS，到新冠肺炎等，当然还有其他种种人为的、自然的突发事件，都使得城市的安全之弦时刻处于紧绷的状态，甚至应急性管理已经转化为常态性管理。

由于城市安全的常态性管理属于城市日常，因此不必做太多的赘述。在风险社会之下，世界各国城市更强调城市安全的应急管理，因为应急管理更能体现城市治理水平和治理能力，也更能彰显城市软实力。世界上不同城市面临的突发事件不同，应急管理机制也不一样，但一般来说，应急管理有一套普遍性的程序：

第一阶段是突发事件的预警：也就是风险源的排查和风险的评估。预警必须要建立在科学监测和数据的准确性基础之上，没有这两条，那么排查与评估都有可能出现差错。没有科学的检测和数据，所有的结论就可能是一种估计，估计一旦被放大到社会层面就有可能成为所谓的谣言的源头。当然，危机预测还要对所获得的数据进行科学分析，这不仅要有对数据的复杂算法能力，而且还要对数据进行历史纵向比较分析，这样才有可能得出科学、准确的预测结果。然后，预警部门通过官方渠道及时发出危机警报，以便政府迅速进行应急决策，以达到预防突发事件的目的。

第二阶段是突发事件的处置：包括迅速组建应急队伍、制定应急预案、建立应急管理保障体系和突发事件的具体处置措施。关于应急队伍建设，这是第一重要的，在突发事件整个处置过程中，这是前置性的应对措施。这支队伍包括一支以相关专业人员组成的基本力量，这是突发事件专业处置的客观要求。除了专业性的基础力量外，还应该有一支应急辅助性力量，也就是社会志愿者，专业力量是为了专业救助，但突发事件发生前需要食品、饮水、药品等一系列临时性后勤保障，这不一定需要专业人士，只要是社会志愿者都可以提供相应的服务。在突发事件后期处置中还需要做相关的安抚等工作，这也需要社会志愿者的参与。应急队伍的第三种就是紧急突击力量，这些主要依赖于部队、警察等攻坚力量，因为突发事件发生在得到预警并爆发的可能性极高时，以及在事件发生后，事件的处置需要资源配备、紧急救援、通信保障等，这都需要一支攻坚队伍来维系。关于应急预案的制定，这是专业性很强的工作，制定应急预案之前，需要制定者的评估、分析，然后是各部门的协调、资源的配备情况等，都要有一个总体性的思路。当然，预案一定要考虑到相关的法律。此外，还有相关的应急物资问题，这里就不再罗列了，经历了的事情相信大家都会历历在目。关于应急管理的保障体系，不同的突发事件，应急保障体系的内容不同，地震、山洪等突发事件主要是安置问题；突发公共卫生事件如疫情流行的救治则主要是医疗设施的配备，包括床位、呼吸机、药物等；洪灾则主要是防洪设备的配备问题，等等。也就是说，前文所说的突发事件的分类对建立应急保障体系很重要。当然，这也决定了采取什么样的具体措施。

第三阶段是突发事件的信息沟通和舆情监控。突发事件发生前后往往会有一些奇奇怪怪的信息从不同的渠道释放出来，有真有假但很难辨识。于是，有关部门也不得不重拳打击各种制造传闻的人，还特别提醒民众“不信谣，不传谣”。那么，何谓“谣”？又何谓“谣言”？这二者是有很大区别的。《尔雅·释乐》说，“徒歌为谣”。可见，“谣”的本义就是没有伴奏的唱歌，也就是与如今所说的“清唱”类似。于是，就这样“徒歌”，慢慢就演化为民谣，后来，人们才逐渐将这些“民谣”收集起来就有了《诗经》中的“风”。而“谣言”之前还有个词叫“传闻”，“传闻”有两种情况：一种是“未经事实证明的消息”；

另一种是指“没有事实根据的传闻”。后者就是真正的谣言。前者还有可能出现两种情况，既有可能是因为事实还没有出来，导致消息被认为是假消息，当事实出来之后却被证明是真消息；也有可能当事实出来之后，证明是假消息。若是前者，则制造“传闻”的人（也有可能是从自己的经验、认知水平做出了先期的预见）则可以认为是“吹哨人”。因此，执法者若对“事实还没有出来，导致消息被认为是假消息”的人进行执法，实际上是“在事实之前”的执法，只是根据推断而认为是假消息的执法。“以法律为准绳，以事实为依据”，因而，在事实尚未证明一个消息之前的执法，就是“在事实之前”的执法了。若是对“吹哨人”进行执法，则会导致社会在重大灾难之前缺乏“预警人”，这对社会来说也是很可怕的危机。防止谣言的重要手段就是尽早公布事实的真相。另外还有一个如何辟谣的问题。经常看到有关部门在辟谣，但基本上只是说“此事不是真的，是谣言”……这种辟谣方式简单且往往更容易让人觉得“谣言”的真实性。因为否定式话语反而会强化被否定话语的肯定色彩，也就意味着“加持”了原话语。为了避免出现这种情况，辟谣者更应该在否定原话语的同时，公布相关事实的具体情况，以“加持”否定话语的真实性。也就是要做到“用事实说话”，而不可以单独“用权力说话”。“用权力说话”的权威性是建立在“用事实说话”的基础之上的。也就是说，要防止信息的模糊性、不确定性，从而也就可以避免信息被扭曲。

第四阶段是应急管理的社会动员。应急管理的社会动员包含两个方面的内容：一方面是对社会成员加强安全保护的动员，即敦请所有成员要提高安全警戒水平，尽可能在突发事件中减少损失，尤其是确保生命安全；另一方面是指对社会有一定救助能力和救助技术的社会成员进行动员，希望这些人积极参与到突发事件的经济救助之中，为受灾人员提供救助与安置。

以上四个阶段反映了从突发事件预警到爆发后的具体应对措施的危机管理过程。如果上述四个阶段都做得比较好的话，那么这个城市的管理者就会被社会点赞，这个城市的形象将得到重大提升，也就是说城市软实力获得重大提升。

三、韧性城市与城市软实力

在不同学科领域，韧性具有不同的内涵和解释，是一个具有足够可塑性的多元概念，最早来自物理学领域描述材料对外部冲击力的吸收能力，采用“保持平衡的能力”来定义，后来，“韧性”一词被逐渐运用到城市规划与建设领域。2002 年，“城市韧性”（urban resilience）议题被首次提出来，并将其引入城市与防灾研究，旨在增强城市系统对气候变化和灾难风险的综合应对能力。这一概念一经产生，就得到了联合国人居署、联合国防灾减灾署、经济合作与发展组织、韧性联盟等国际社会和相关研究机构的热烈响应，产生了广泛而深远的影响。2020 年 11 月《中共中央关于制定国民经济和社会发展第十四个五年规划和二〇三五年远景目标的建议》（简称《建议》）正式提出建设“韧性城市”的要求。《建议》提出，“推进以人为核心的新型城镇化。强化历史文化保护、塑造城市风貌，加强城镇老旧小区改造和社区建设，增强城市防洪排涝能力，建设海绵城市、韧性城市。提高城市治理水平，加强特大城市治理中的风险防控。”从这里可以看出，“韧性城市”的核心内容是指城市的灾后恢复能力，其中包括以下内容：一是城市抵抗灾害，减轻由灾害导致的城市在经济、社会、人员、物质等多方面的损失；二是灾后快速恢复的能力，城市能在灾后较短的时间恢复到一定的功能水平；三是城市中关键的功能设施应具有一定的备用模块，当灾害突然发生造成部分设施功能受损时，备用的模块可以及时补充，整个系统仍能发挥一定水平的功能，而不至于彻底瘫痪；四是有基本的救灾资源储备以及能够合理调配资源的能力，能够在有限的资源下，优化决策，最大化资源效益；五是城市能够从过往的灾害事故中学习，提升对灾害的适应能力。这五点都集中于灾后的恢复能力。这实际是前面关于突发事件应急管理的第五个阶段，即灾后恢复与重建阶段。

城市韧性体现在对突发灾害事件在应对上的科学、有效等基础工作上。这些基础包括：一是有效的组织，即政府灾害应急办公室、基础设施系统相关部门、公安局、消防局等在内的机构或部门能在灾后快速响应，包括开展房屋建筑维修工作、控制基础设施系统连接状态等，从而减轻灾后城市功能的中断程度。二是尽可能通过技术的手段确保基础设施包括交通、能源和通信等系统避免受到灾害的损坏。三是最重要的，是减少灾害人员伤亡，尤其是要能够在灾后提供紧急医疗服务和临时的避难场地，在长期恢复过程中可以满足当地的就业和教育需求。四是尽可能降低灾害造成的经济损失，包括房屋和基础设施以及工农业产品、商储物资、生活用品等因灾破坏造成的财产损失，也包括社会生产和其他经济活动因灾导致停工、停产或受阻等所造成的损失；尽可能减轻经济活动所受的灾害影响。在确保上述四个方面的前提下，那么城市韧性就能彰显出来。

那么，如何建设韧性城市呢？建设韧性城市实际上就是把城市打造成为一个具有综合应对各种风险且能够在各种灾害之后迅速恢复能力的城市。鉴于此，建设韧性城市应该包括以下内容：一是提高城市防范风险的能力。风险与危机关键在防范，城市形象都显得非常高大，但城市实际上又非常脆弱。任何风险与危机预防要比治理更为重要。二是排除隐患，城市是一个立体空间，从天上、地面到地下的一切设施都关系到城市的安全，从天际线到地下设施都要经常排查，以便排除任何可能的隐患。三是练好内功，提高城市应对风险和危机的能力。主要是发展经济，为城市储备更多的物质资源，这是最关键的内功。四是提升市民素质，理性应对城市的突发事件，尤其是不要在突发事件尚未爆发的时候轻信相关谣言和哄抢各种物资。这种情形往往会引发连锁反应，导致整个城市的抢购、囤积，这是非常不理性的市民心理。五是为避免市民的不理性行为，就必须在突发事件预警的时候加强资源配备，让市民放心应对，尤其是来安抚市民的焦躁之心。

第十章
城市外交与城市全球叙事能力

城市外交与城市的全球叙事能力是城市软实力，这是不容置疑的。城市对外的影响力，一方面依赖于城市内部活动，然后通过城市营销手段和相关媒体对外营销和推广；另一方面就是城市元素直接走出去，并与他国的城市、政府进行互动活动，从而使外界通过这些互动活动对城市产生积极的认知。当然，城市元素走出去，有直接走出去的情况，也有城市的各种主场活动而被外来民众所接受的情形。但不管是哪一种情形，都会促进城市软实力的提升。从当代城市发展来看，城市已经不再局限于经济增长、设施改善等城市的内部问题，而是越来越倾向于城市的世界影响力，具体而言就是城市的全球叙事能力。城市的全球叙事能力包括城市的发展模式、城市故事等成为世界的一种典范和全球故事，城市对某些国际制度的塑造，城市的概念升华为一种国际制度的理念，等等。无论是国际大都市还是一般的中小城市，都有这样一种欲望，都希望自己能够在国际社会和国际事务中有一定的存在感。

一、城市外交及其动力

学术界对究竟什么是城市外交是有争议的。一种观点认为，城市外交是指城市在国家外交中发挥一定的作用，或者说具有塑造国家外交的功能，这可以定义为一种城市外交。当然，也有学者对此提出异议，认为诸如古希腊斯巴达和雅典之间的互动，是以城市为依托的跨国交往活动，本质上是国家外交，而不是城市外交。因而，他们把城市外交仅仅限于发源于西欧国家的姐妹城市运动。其实，按照外交的本来定义，外交通常是指一个国家为了实现其对外政策，通过互相在对方首都设立使馆，派遣或者接受特别使团，领导人访问，参加联合国等国际组织，参加政府性国际会议，用谈判、通信和缔结条约等方法，处理其国际关系的活动。外交一般是指国家以和平手段对外行使主权的活动，通常指由国家元首、政府首脑、外交部长和外交机关代表国家进行的对外交往活动。如果以此为依据，那么就意味着没有城市外交之说。然而，荷兰国际关系研究所学者简·梅丽森提出“城市外交是城市或地方政府为了代表城市或地区和代表该地区的利益，在国际政治舞台上发展与其他行为体的关系的制度和过程”。按照这一定义，那么近代城市外交可以追溯到 1851 年在伦敦举办的首届世博会。伦敦世博会虽然是以国家的名义举办的，展现了英国工业文明时代的繁荣与强大，世博会圆满结束，主办方宣布博览会获得 186437 英镑的利润，但是，伦敦不仅通过世博会与当时的各个主要城市建立了互动关系，而且由于经皇家组委会的讨论，决定除了给帕克斯顿 5000 英镑奖励外，盈余分成两个部分：一是建立博物馆用于教育民众，在南肯新顿购买 87 亩地建立科学和艺术中心，如今矗立在伦敦的有维多利亚和阿尔伯特博物馆、科学和地质博物馆、帝国科学和技术学院、皇家艺术和音乐学院，以及 1862 年世博会后建立的大英自然历史博物馆等。二是设立科学艺术奖励基金。这两项都使得伦敦对世界有重大的影响，特别是建立博物馆来教育民众的做法，对世界各国的城市发展都具有典范作用。后来，美国获得英国人的馈赠而在华盛顿市中心建立史密森尼博物馆，这无疑是受到了伦敦的影响。

当然，城市外交首先应该是一个城市与世界各国建立的经济活动，或者刻意称为城市的经济外交。从工业革命以来，全球供应链中心应该是经济发达的国家，更是发达国家的城市。当今经济活动的主体是主权国家，更是主权国家中的发达城市，因此，经济交往是城市外交第一重要的内容，也是城市外交其他方式的物质性基础。当今全球化和新技术条件下，新兴经济元素都集中在城市，这也决定了一国经济是以城市为主导的经济。这为城市外交提供了时代机遇和技术工具。

其次是建立友好城市。经济的往来逐渐使得两个或多个城市之间形成了某种相互依赖的经济关系和利益关系，于是相互之间就建立起友好城市关系。这种城市外交方式始于第一次世界大战以后，当时英国的约克镇凯里市与法国的普瓦市建立了世界上第一对友好城市。第二次世界大战以后，经济全球化进程不断深化，城市对外交往的相对自主性不断扩大，城市与城市之间的交往也越来越丰富，所以友好城市也越来越多。截至 2022 年 7 月，上海与 90 多个城市结成了国际友好城市，北京与 50 多个城市结成了国际友好城市，广州有 100 个国际友好城市。此外，中国中西部城市同样也与相关各国的城市建立了友好城市。经济往来与高层互访会促进相互之间建立友好城市；反过来，友好城市建立以后会加深相互之间的关系，使经济往来与高层互访也更加频繁。这些因素都会深化相互之间的文化交流。

然后，文化交流是城市外交的常态化内容。文化交流既体现城市的对外辐射力、吸纳力和影响力，也可以提升城市的国际形象。外界对一个城市的认识，首先是通过文化交流获得第一印象，然后再通过有形的和无形的城市元素构塑城市的形象。文化交流越频繁，相互的认知和形象构塑就越是具象化。文化交流的形式多种多样，诸如相互设立文化中心、双方互办“文化年”，或者是相互举办对方城市的重要的历史事件、历史人物纪念活动，当然还包括留学生方面的重要特惠活动，等等。这一切都会促进城市相互之间的理解和城市形象的提升。

最后，城市外交不可或缺的是城市举办的各类国际性活动，例如世博会、国际体育赛事、国际演艺活动等，这些主场活动实际上就是城市的主场外交。例如北京举办的奥运会、上海举办的世博会、西安举办的欧亚经济论坛等，都为东道城市的形象加分。以上海世博会为例，世博会对上海城市形象的提升具有重要意义：一是最直接体现出来的是世博品牌效应。世博会本身就是世界第一品牌，而每一届世博会又产生新的知名品牌，甚至上海原有的城市标志东方明珠、金茂大厦、外滩西洋建筑、城隍庙古建筑、石库门等在通过世博会的传播之后而被赋予了世博色彩，并成为上海具有世博元素的品牌。二是上海世博理念的辐射效应。世博会是文化展示的盛会，更是超越国家、民族、宗教界限的人类文明的盛会，是人类迈向和平与进步的阶梯。三是城市形象的提升效应。这种提升主要通过两种方式来实现：对原有消极的成分进行修缮和对原有积极的成分予以放大。上海世博会向世界各国展示上海最积极的部分，一方面，它可以改变国际社会对中国、对上海的消极看法；另一方面，通过展示中国优秀的文化和上海发展的奇迹，上海世博会能够对此产生重要的放大效应。

一般而言，城市的职能在于经济发展和提供安全的生活环境，让市民享受经济繁荣带来的快乐；城市并没有进行外交的必要性。然而，内部发展始终离不开外部环境，正如邓小平当年所说的，中国的发展离不开世界。一个国家是这样，一个城市更是如此。那么，城市外交的动力究竟是什么呢？我们从城市发展历史来看，城市对外活动一般是受以下因素的助推：

其一，不同城市之间的文化互鉴所致。城市是文化的聚集地，不同的城市就是人类的不同文化高地。尤其是那些较早发育的城市往往会成为后发育城市的文化效仿和学习的典范。如果我们考察一下古代城市的历史就会发现，一个城市离另一个城市很远，但在这个城市中发现的诸多文化元素竟然与遥远的某个城市有非常多相似或相同。当然，这有战争征伐的原因，如亚历山大大帝征服波斯后会将希腊的文化元素移植到波斯，这在希腊化时代尤其突出。但是，可能更多的是不同城市之间的文化交流所致。比如，东汉时期洛阳城内就有不少西域文化元素，这是中国引进西域文化而体现在城市发展之中。欧洲的城市更是这样，教堂等建筑几乎就是城市交往历史沉淀下来的最重要见证。不过，当今城市之间的文化交流与互鉴已经被国家纳入，成为国家外交的一部分，也就是公共外交，但文化的交流依然是不同城市之间最重要的学习方式。

其二，不同城市的发展有不同的经验，城市治理需要相互之间取长补短。这也会助推城市之间的交往，甚至是最重要的动力。城市治理的目标就是城市的善治，能够建立一个良好的城市生活秩序、工作秩序，为市民提供更加优质的服务。为此，城市会相互借鉴彼此的经验，例如台湾各个城市就在20世纪末90年代初学习日本城市的垃圾治理方式：垃圾不落地和垃圾分类。垃圾分类城市治理工具近年来也在上海乃至全国其他众多城市推广。中国各个城市的领导经常到欧美各国城市去进行交流，实际上也是为了向发达国家城市学习相关的城市治理经验。当然，欧美国家也会来中国各个城市考察学习。回想当年上海能够争取到世博会的主办权，一定程度上也是因为欧美国家遭遇的严重的“城市病”无法找到治理的工具，而上海是中国最发达的国际性大都市，竟然没有陷入西方的“城市病”。这无疑让西方感到非常惊讶。那么，上海是怎样做到这一点的，西方的确想深度了解。加之，上海申办世博会的主题“城市，让生活更美好”，也深深地吸引着西方。因此，最后上海获得了这样一个机会，上海也展开了最重要的城市外交。

其三，城市发展或者城市竞争也是城市外交的动力。前文述及，21 世纪的城市发展和城市竞争已经不再仅仅是经济意义上的内容，尤其是城市竞争向经济以外的领域不断拓展。也正因为如此，城市尤其是国际大都市都在全球各地建立驻外办事处、参与城市网络建设，更积极参与全球性、区域性或者专题性城市多边合作，目的就是发现并充分发挥自身的优势，提升全球竞争力。

其四，当下全球问题伴随着全球化进程，也伴随着西方各国城市发展进程而席卷开来。小而言之，交通拥挤、空气污染、环境恶化、贫富无限分化、贫民窟蔓延、卫生设施供应不足、民族关系复杂、暴力冲突和居住隔离等，一直是城市发展的掣肘；大而言之，全球气候变化、臭氧层保护、流行性疾病防治等，也同样对城市发展和市民产生巨大威胁。这些问题也必然要求世界各国城市在发展过程中为应对必须进行不可或缺的探讨和交流。

二、城市全球叙事能力的内涵

近年来，各种类型的城市都试图要提升全球叙事能力来提升城市软实力。这也表明各个城市的领导都注意到城市开放的重要性。没有城市的开放，城市的全球叙事能力就无从说起。提升城市的全球叙事能力，一方面是为了扩大城市的影响，把城市发展的故事传递到世界其他城市，从而把“城市知识”转化为“世界知识”；另一方面也是为了使城市在国际竞争中占据重要的一席，因为城市竞争已经不再是纯粹的硬实力竞争，而越来越表现为城市品格和城市精神对城市可持续发展的重要性的竞争。此外，还包括城市对世界的贡献，这更直接体现了城市的全球叙事能力。

不过，当下不少人对城市叙事能力的理解是有误的，以为提升世界对城市的关注度就是城市的全球叙事能力，或者提升城市的全球话语权就是城市的全球叙事能力。这些只是城市的影响力，而不是全球叙事能力。城市的世界关注也不是城市的全球叙事能力，世界对一个城市的关注表明城市的世界影响力。而城市的全球叙事能力更强调城市对全球事务的参与能力和城市对相关国际制度、国际规则的塑造能力，以及城市发展对全球发展的贡献。此外，也包括城市的某种案例、某种经验具有普遍性的意义。

其一，城市对全球事务的参与能力。客观上来说，这一内容包括两个方面，一是城市对全球事务的参与能力，二是城市对全球事务的参与愿望。由于我们是放在提升城市的全球叙事的框架中来研究的，因此一般不会去关注城市对全球事务的参与愿望。或者说，研究本身已经做出一个非常重要的假设：城市本身有参与全球事务的愿望。然而，从客观事实来看，并非所有的城市都有此愿望。众多西方城市其实没有这个愿望，特别是在全球化进程中，西方城市中产阶层由于受到利益冲击而反对全球化。因此，对城市参与全球叙事的愿望非常低，有的甚至是抵制的。本人有一次经历，在访问澳大利亚期间参加了一个社区中非常有意思的艺术项目，于是我问他们这样好的项目能否向外推广使之成为有国际影响的艺术项目。结果对方说，他们的目的就是服务本市市民或本社区市民。也就是说，他们根本就没有对参与全球叙事的愿望。因此，要提升城市的全球叙事能力，前提一是城市自身要在全球事务中进行角色定位，明确自己参与全球事务的责任；二是要有全球参与的能力，即“全球参与城市的社会化”能力。

在这两个前提之下，还要明确城市参与全球事务的目的，也就是明确城市是要融入全球城市网络，还是以某种经济行为体的身份参与全球经济分工。

其二，城市一旦参与全球事务，那么城市就不得不接受一些国际制度和国际规则，更重要的是，城市的全球叙事能力表现为塑造国际制度和国际规则。一个城市参与全球城市网络必须要融入现有国际制度与规范（例如参与国际组织）以获得承认。尽管既有的国际制度和国际规范主要是针对国家行为体的，但城市要以某种身份融入国际制度和国际规范同样需要接受相应的规制。尤其是在经济方面，城市的独特经济功能必须要有特殊的规定，单独用对国家行为体的规制是不够的。此外，还有一些特殊的城市如作为中华人民共和国特别行政区的香港、澳门，在城市对外交流上拥有更大的经济自主权，甚至包括以特殊身份参与诸如亚太经合组织（APEC）等合作机制。另外，又由于它们在国际上的特殊经济地位，这样的城市对国际制度和国际规范具有重要的塑造功能。中国内地城市也同样有别的方式对国际制度和国际规范具有塑造作用，例如上海市经过改革开放以后开始全面融入世界，实质性地参与到国际事务之中；更重要的是，上海以实际行动对国际规则和国际规范进行塑造，最典型的就是，上海世博会提出的“世界城市日”的倡议得到了联合国的认可。前文述及，有一个地区性国际组织叫上海合作组织，其价值理念叫“上海精神”，这似乎只是一个名称而已，但一个国际组织以上海来命名，一种价值理念也以上海来命名，这就体现了上海的国际塑造能力，或者说上海的全球叙事能力。众所周知，世界近代以来，欧洲有不少城市因一个国际会议、因一个国际组织等而出名，且让世界永远记得和熟知，最初或许是国际元素让世界知道这个城市，而后来则逐渐倒转过来是这个城市塑造了国际组织或国际条约；而上海则是因为实力和世界影响力而塑造了上海合作组织和“上海精神”。北京是中国首都，政治、经济、文化中心，无论是对国际事务的参与能力还是对国际制度和国际规则的塑造能力都非常强。我们来看青岛，这是一个对外开放较早的副省级城市，长期以来经济发展速度比较快，而且拥有诸如“崂山啤酒”“青岛海尔”等国际知名品牌并且在国际上有一定的知名度，但很难说青岛有国际制度的塑造能力。然而，2018 年，中国国家主席习近平在上合组织青岛峰会上明确表示，中国政府支持在青岛建设中国—上海合作组织地方经贸合作示范区，示范区按照“物流先导、跨境发展、贸易引领、产能合作”发展模式，积极探索与上合组织国家经贸合作模式创新，形成可复制可推广的上合组织地方经贸合作经验做法，全力打造面向上合组织国家的对外开放新高地。这一成功的案例表明，青岛至少在上合组织所覆盖的区域内拥有了地区制度和规范的塑造能力。除了中国东南沿海地区的一些城市外，广西南宁，新疆乌鲁木齐，克拉玛依，陕西西安，湖北武汉，四川成都，重庆，贵州贵阳等都有了相关地区制度、国际制度的塑造能力。

其三，城市对国际议程的设置能力。城市的议程设置能力一般是通过城市的主场外交活动表现出来，同时城市的主场外交活动也彰显出城市的全球话语能力。城市获得主场外交活动的主办权就意味着城市获得了国际议程的设置能力，因为任何一场大型外事活动都是因具体的议程而设置的，一个城市之所以能够获得一场大型外事活动的主办权，就是因为国际社会对整个议题感兴趣，这个议题的主办城市就优先获得了议题和议程的设置。城市的全球话语来自城市的实践，它不像一个国家的话语需要深厚的理论。一个国家的全球话语权主要还是基于理论和支撑理论的知识体系，没有知识体系就很难进行理论创建，没有理论的支撑也就很难产生具有原创性和穿透力的话语。城市的全球话语是应用型的，直接回应实践的，从具体的城市话语来说，它不需要太多的理论而更强调实践的说服力和应用的可操作性。这是城市与国家在全球话语构建问题上最大的不同之处。因此，只要获得了大型外事活动如一场重要的国际会议、一场重大的国际赛事等的主办权，都会使主办城市直接获得相应的话语权。如果该城市在主办这项活动的时候再提出相应的倡议、发表类似于“共同宣言”的文件，这也直接构成了该城市的全球话语。

三、城市全球叙事的新范式

城市的全球叙事方式一般来说都是不知不觉的，很少有主动选择某种方式来进行全球叙事，以提升城市形象，除非政府为了某种目的。在相当长时期内，城市的全球叙事方式主要是文学作品，然后是音乐、电影、电视等，进入动漫时代便有了动漫，当下的大数据、元宇宙时代，新的技术被广泛地用作城市的全球叙事，从而使城市的相关元素在世界传播。

文学作品的全球叙事方式是最早的也是最多的。一个城市可能是默默无闻的，但很有可能会因一部文学作品而为世界所熟知；古代文学作品的城市叙事很多，尤其是在中国的古诗词中充满了城市叙事的诗词和散文。当然，那不是城市的全球叙事，只是有关城市的叙事。但是，当这些古诗词成为当今城市的一种特殊文化符号以后，这些古诗词也会成为城市全球叙事的重要推手。例如，狄更斯的《雾都孤儿》，作品以雾都伦敦为背景，讲述了一个孤儿悲惨的身世及遭遇。

主人公奥利弗在孤儿院长大，经历学徒生涯，艰苦逃难，误入贼窝，又被迫与狠毒的凶徒为伍，历尽无数辛酸，最后在善良人的帮助下，查明身世并获得了幸福。伦敦早就是非常有名的城市，但《雾都孤儿》这部小说则是伦敦的另一面。因为这部小说的世界影响，伦敦的另一面也同样产生了世界影响。狄更斯的另一部作品《双城记》也一样成为伦敦、巴黎的另一种全球叙事方式。这种情况在中国城市尤其是中小城市中更是比较普遍，因为中国众多的中小城市是因一首古诗、一首古词而闻名于世的。这种情况太多，无须举例。尤其是相应的城市进行城市的世界营销时往往会从具体的一首古诗、一篇文章开始，外界也因这首古诗而知道了这个城市。例如，湖南永州是一座古老的城市，但在外界没有名气。然而，每当提及永州时，就首先会想到柳宗元的“永州八记”，或者是他的诗《江雪》，因此永州在对外推介永州时都离不开这两个历史元素，外界因而也就因这两个元素而对永州有更多的了解。

音乐的全球叙事是因一首乐曲、歌词与某个城市有关，结果这首音乐、歌词进一步提高了城市的知名度。例如，20 世纪 40 年代有首歌叫《夜上海》，由范烟桥作词，陈歌辛作曲，周璇演唱，作为电影《长相思》的插曲于 1947 年 1 月 7 日发行。开头便是“夜上海，夜上海，你是一座不夜城”。这就把当时上海的形象刻画出来了。后来乐坛不断创造出与具体的城市有关的歌曲，如《我要去桂林》成为世界著名的桂林的又一个叙事符号；《北京欢迎你》曾风靡世界，唱出了北京奥运会期间北京市民的心声和敞开胸怀迎接世界的胸襟；《2002 年的第一场雪》让人有一种对乌鲁木齐身临其境的感觉；《成都》这首歌则展现了成都慢悠悠又极具人情味儿和生活气息的感觉。前不久最火的莫过于《早安隆回》，隆回是湖南的一个县城，不仅国际社会不知道它，就是中国国内的人也未必知道这个县城，但这首歌不仅使隆回在中国闻名了，而且因这首歌已经改编成多种语言被世界艺人传唱，所以也使隆回世界闻名了。音乐的全球叙事现在已经非常普遍，尤其是在社交媒体上，只要懂一些作词作曲的知识，然后在视频号等社交媒体上传唱，就有可能成为有世界影响的乐曲。

影视作品是取代文学作品最为快捷、最有成效的一种全球叙事方式。最开始主要是战争片、灾难片居多，但随着中国改革开放的推进，一些影视作品开始关注中国式现代化建设中异国异域拼搏与挣扎的生活景象。后来，这样的影视作品也成为具体城市的一种全球叙事方式。最为典型的是《北京人在纽约》，这部作品折射出东西方文化的差异，全景式展现了北京人在纽约的生存状态，刻画了改革开放后第一批赴美淘金的中国人事业与情感历程。这部作品是北京人在纽约的故事，但也是北京的故事，更是北京故事在纽约的一种特殊演绎。不久又上演了一部《上海人在东京》的作品，是《北京人在纽约》的姊妹作品。这部作品同样反映了变革时期上海市民当然也是中国人思想的重大转变。人们纷纷下海，急于致富，整个社会弥漫着一股躁动的气息。而与此同时，僵硬的体制却对这种躁动产生了极大的束缚。于是，在上海就出现了众多的“洋打工”，出走到东京，尽管异国他乡，孤立无助，但他们辛苦打拼。而在异城淘金的过程中又演绎出一些扭曲畸形的爱情故事。这是上海的故事，也是上海人的故事，同样是上海人在东京演绎的上海故事。尽管这些故事并不美丽，但也成为相应城市的一种全球叙事方式。

网站、公众号等全球叙事方式。这是互联网时代的城市叙事方式，在中国最初表现为城市的上网工程，前文已述及，从“信息高速公路”建设到“上网工程”，这个过程非常快就完成。然后，城市各个部门、各行各业都建立自己的网站以强化本部门、本行业与全世界的互联与沟通。但是，这种方式很快又被赋予了新的使命，即移动互联网前景下的各种官方公众号等自媒体。这种互动性进一步加强，并通过点击来获得相应的流量，通过流量可以随时知道本部门、本行业的被关注度，也包括整个城市的官方公众号，也以同样的方式来获得城市在全球事务中的关注度数据。

最新的城市的全球叙事方式莫过于元宇宙与城市 IP 的打造。何谓元宇宙？进入 2021 年，“元宇宙”（Metaverse）这个概念从媒体走向学术界突然火爆起来，但实际上这个概念在 30 年前就已经出现在美国的科幻小说之中，并与“信息高速公路”“数字化生存”几乎是同时出现的。问题是，在 20 世纪 90 年代的时候，“信息高速公路”和“数字化生存”早就被广泛接受并在学术界有了相应的理论研究，但“元宇宙”这个概念似乎没有什么传播效应。究竟是什么原因导致“元宇宙”突然成为一个热词呢？这或许与 2021 年 3 月，“元宇宙第一股”罗布罗斯登陆资本市场，并且股价表现良好，同年 10 月 28 日扎克伯格把 Facebook 更名为 Meta 有关。当然，更为重要的原因在于技术本身发展有极其重要突破。众所周知，“元宇宙”作为一种技术发展的最新成果，最重要的前置技术是区块链（Block Chain），实质上就是数据结构，这个数据结构至少包括数据层、网络层、共识层、激励层、合约层和应用层等要素，而其技术性则是大数据支撑的云平台，且基于互联网而构成的复杂数据结构。互联网则是始于 1969 年美国的阿帕网（ARPANET），到 20 世纪 90 年代，互联网在全球得到普及。随后，世界进入信息技术时代，从传统互联网到社交网络，再到移动 APP，当前进入超级移动 APP 阶段，而区块链正是借助于超级移动 APP 构成的复杂数据结构，这也就构成了“元宇宙”的数据生活空间的前置技术。换言之，技术发展正好到了“井喷点”，而前面的两个事件则是重要的“引爆点”，促使“元宇宙”在这个“井喷点”被“引爆”，从而在这一种技术性的大爆炸下使得“元宇宙”诞生。“元宇宙”本质上是一个数据生活空间，而这个空间不是像互联网那样由单纯的技术塑造出来的空间。数字生活空间不是一个物理空间，而是一个虚拟空间。既然数字生活空间是以互联网为支撑技术的空间，那么它就有互联网构筑的网络空间的所有特性，即虚拟性、开放性、群体互动性等。网络空间是一个“‘虚拟的’‘身体不在场的’，也似乎是一个丧失意义的‘无限’的世界图景”“它表征为被建构信息（比特）的图像化和对象化，并通过界面（I/O）与人发生关联”。“虚拟的”和“身体不在场的”，这个都比较好理解，正是因为网络是虚拟的，因而作为主体的人无法自己“身体在场”，人只能以技术把自己确定为网络中的某种虚拟角色才能够嵌入其中。而“被建构信息（比特）的图像化、对象化”，则是指将现实世界中的信息进行数字化、图像化处理之后，使之可以通过互联网进行承载与传播，从而以数字化、图像化的方式给人们的生活带来便捷或愉悦。就这一点而言，互联网理论上的确是可以“创造完美的人性世界”的。因此，元宇宙本质上是人类运用数字技术构建的，由现实世界映射或超越现实世界，可与现实世界交互的虚拟世界，同时又具备新型社会体系的数字生活空间。它本身并不是新技术，而是集成了一大批现有技术，包括 5G、云计算、人工智能、虚拟现实、区块链、数字货币、物联网、人机交互等。这些技术虽然会构成一个虚幻的城市，但人是可以沉浸在其中甚至可以塑造一个想象的城市形象和城市生活空间。

这里我要特别介绍一下 IP SHANGHAI，这是上海城市形象资源平台，由中共上海市委宣传部、市委外宣办公室支持的平台。虽然是城市形象平台，但也很快便成为上海全球叙事的重要方式。2021 年 11 月 8 日，上海城市形象资源共享平台 IP SHANGHAI 正式上线，其目的是将平台打造成为一个具有全球影响力、凸显中国和上海特点的城市形象资源全库，并逐步建成聚合征集、共享传播、孵化创新的城市形象内容生态系统，探索人人创作、人人展示、人人分享的国际传播新模式。因此，它是一个上海形象资源库，但更是上海全新的全球叙事手段。平台通过中英文版 WEB 网站及社交账号向本地和全球用户（含个人）同步开放。汇聚海量的图片、视频、声音、文字、出版物、设计素材以及对外传播项目、活动、案例等资源，以互动、互助、互联方式，共同打造上海形象的聚合资源库、上海故事的传播新平台、上海精神的实践创新地。在第五届进博会新闻中心举办的 IP SHANGHAI 上线一年活动上，现场近千名中外记者共同见证了 IP SHANGHAI 多项成果发布：一是 IP SHANGHAI 首次发布“全球城市形象数字 IP”，通过大数据分析，将全球数字传播最为活跃的国际城市形象北京、纽约、伦敦、巴黎、洛杉矶、东京、迪拜、上海、香港、多伦多等，以数字 IP 呈现。二是“在上海，为全球”全球传播企业案例最佳实践榜是中国首个以城市 IP 为主题、以企业发展为案例的大型全球传播案例征集活动，入围的 50 家企业中有 30 家世界 500 强企业，27 家进博会参展企业，讲述非凡十年它们与上海共同成长发展的故事，在全球舞台打响上海 IP。三是一年来，平台广泛征集视频、图片、声音、文字、出版物、设计等作品，已吸引 500 余家重点机构入驻，超过 2 万名专业创作者注册。“人人创作、人人展示、人人分享”的传播理念深入人心。四是平台发起多项上海形象推广活动，促进全球用户创作、共享、共同传播上海形象。虎年春节，由

22万市民参与的数字拜年帖，向全球送出了来自上海的新春祝福；“人人守沪，向春而行”场景征集活动，全网浏览量达到5600万次；与哔哩哔哩联合发行全国首款主打人民城市实践概念的IP SHANGHAI数字艺术品“申生不息”系列，精选五大类城市IP，数字化表达上海发展成就。此外，平台还与星巴克合作创新城市IP，向全球推出中国首款“上海”咖啡，共同讲述凝聚上海活力、承载海派文化、打造高品质生活的城市品牌故事。

四、“一带一路”倡议下城市外交的深化

“一带一路”的“互联互通”，并非只是我们平常所说的铁路、高速公路、航线为主要内容的联通，以及六大经济走廊连接的国内市场与国际市场，除此之外，更重要的是城市在“互联互通”中的重要节点作用，以及城市的辐射作用。随着“一带一路”倡议构想的推进，有人曾撰文指出，中国将出现五个超级城市群，除了已获批的长三角、珠三角和长江中游城市群，环渤海城市群和成渝城市群也已纳入版图。这看起来似乎很有道理，但这仍然是基于中国传统的行政区划而人为地来布局中国的城市群，并不是“一带一路”倡议中的内容，也没有真正体现“一带一路”倡议和未来发展的趋势。城市的布局是为发展战略考虑的。中国既有的城市群如长三角、珠三角和长江中游城市群，基本上是对外开放过程中形成的，但行政干预的烙印依然非常明显，甚至并没有形成实质上的城市群。完全意义上的城市群应该是资金流、信息流、货物流、人才流畅通无阻，基本没有这个城市与那个城市的差别。然而，既有的三个城市群无论如何没有去掉地方行

政的色彩，甚至资金流、信息流、货物流、人才流也是严格限制在一城一市之中的。一旦从一个城市向另一个城市流动时，无论哪一方面都会受到行政方面的限制。也就是说，我们还没有城市群的管理理念，仍然是城市的管理思维。这样的管理思维显然不容易推进“一带一路”的实践。因此，城市在“一带一路”实践中缺乏集群效应，城市外交就很容易从一个城市的角度来考虑和确定目标诉求。

城市作为“一带一路”的节点连接着不同的城市，因而构筑起一个新的城市群，这样的城市和城市群应该为推进“一带一路”实践服务，同时“一带一路”的实施要依托于城市和新的城市群的功能转型，特别是它们的辐射作用而得以产生联动效应。“一带一路”的推进还会对既有的城市群进行新的整合，至少在功能上会因“一带一路”有所调整。例如，长三角、珠三角城市群长期以来主要是东向大海，海洋性经济的特征比较明显，城市外交的目标也主要是欧美发达国家的城市，而向西则主要是援助性功能。那么，为了推进“一带一路”倡议，中国城市群布局会发生什么变化呢？城市群布局的变化又会使城市外交产生什么变化呢？东部既有的三个城市群会继续得到发展，而且城市外交的方向会有重大调整，因为东部城市群从对外开放的功能转向提升开放质量、完善开放格局，与对中西部地区进行产业援助兼具的功能。因而，东南沿海地区的城市在外交上会与中西部城市的对外联系对象国、城市、地区产生新的交集。新的城市群将是以东经 110 度经线为分界，以西安、兰州、银川为中心的城市群，这个城市群有新丝绸之路经济带的历史基础和文化底蕴，同时又处于中国东西接合部地带，在资金流、信息流、货物流、人才流中起中转作用，东部承接环渤海城市群和长三角城市群的先进技术，同时自身的发展又导致东部的技术向西继续流向乌鲁木齐、喀什、伊宁等中国最西部的城市。这些城市构成了中国西部城市群。这是中国与西亚各国、各城市联系有深厚传统的城市群。“一带一路”实践的中欧班列穿越这些城市群和地区，因此城市的节点作用非常明显，城市的经济发展对中国西部各国的辐射作用也非常突出。在“一带一路”倡议中，西部城市群重要的功能是经济辐射。它们不仅是中国西部地区的经济中心，而且还是中国向中亚、南亚辐射的经济中心，因而像乌鲁木齐、喀什这样的城市，完全可以建立功能性的经济特区。这个城市群承担着中巴经济走廊的建设，以及发展中国与中亚国家的友好关系的功能。中国与中亚国家的经贸关系主要是指中国新疆与中亚国家的经贸关系。同时，中巴高铁能否建成从中国内部看关键是取决于乌鲁木齐、喀什的经济发展状况和整个新疆地区的安全与稳定。所以，西部城市群不再是被援助的城市，而应该是自主创新的地区，还是中国城市外交骤然活跃起来的地区。第三个新的城市群是以成都、重庆、贵阳、昆明、南宁为中心的西南城市群。这个城市群实际上是一个四边形的城市群，南北走向的两条边都会延伸到国外，一条是经昆明延伸到缅甸直到印度洋沿岸；另一条是经南宁延伸到整个中南半岛。这里恰恰是孟中印缅经济走廊和中国—中南半岛国家的泛亚经济区（中国—东盟自贸区）。因此，西南城市群同样也是以主要城市为中心的经济辐射点，是城市外交相对比较活跃的地区。第四个城市群是以沈阳、长春、哈尔滨为中心覆盖整个东北和内蒙古东部城市的城市群。这个城市群对应的是中蒙俄经济走廊，是“一带一路”倡议中最东边的经济发展走廊。

关于“一带一路”倡议中的城市外交，这里我们以新疆克拉玛依为例来阐述其成功之处。当然，从中国最西边的城市群来看，一个是以乌鲁木齐为中心的北疆城市群，一个是以喀什为中心的南疆城市群。南疆除了喀什、阿克苏、库尔勒等城市的经济略微好一点外，广大农村迄今为止依然落后。乌鲁木齐是自治区首府，政治功能甚于经济功能。在这种情形下，北疆城市克拉玛依就获得了特殊的发展机遇。其一，克拉玛依拥有较好的经济基础，产业上有比较好的布局，除了传统的石油化工业外，更有金融、信息、商贸、物流、旅游等新的产业。虽然相对于东部城市经济来说，克拉玛依不是收入高的城市，但在西部城市中，克拉玛依的经济绝对是处于前茅的。过去中国的发展是按照邓小平的不平衡发展战略推进的，重要原因是在改革开放初期，中国的资源非常有限。但是，今天中国的发展战略开始调整，努力实现中国东中西的平衡发展，以消除中国经济长期以来出现的地区二元现象。从这个角度来看，克拉玛依无疑是西部地区经济发展的领头羊，是西部的样板性城市。其二，克拉玛依处在中哈能源管道线上的中转位置上。中哈管道进入中国后最重要的城市就是克拉玛依，通过克拉玛依之后才经乌鲁木齐进入中国中部地区和东部地区。而克拉玛依本就是一个石油城市，是中国最重要的能源生产地和供应地。也就是说，克拉玛依是联系中国与中亚能源通道的重要纽带。中国是能源进口国，尽管我们在寻找清洁能源上一直在努力，但在可预测到的未来，中国对化石能源的依赖程度还是比较高的。也就是说，克拉玛依在相当长时期内依然是中国的能源高地，因而也就具有重要的战略地位。其三，“一带一路”倡议尤其是新丝绸之路经济带建设的核心区域无疑是中亚地区。为了推进新丝绸之路经济带的建设，中国与中亚国家共同推进中国—中亚—西亚经济走廊和欧亚大陆桥经济走廊建设。而克拉玛依处在这两大经济走廊之上，是中国辐射中亚地区的最重要的辐射点。过去说长三角地区是以上海为龙头的，海岸线是弓，长江是箭，上海就是箭头。同样，在中国新疆，如果边界线是弓，欧亚大陆桥是箭，则克拉玛依就是中国射向欧亚大陆腹地的箭头。其四，克拉玛依社会秩序良好。并且，克拉玛依经济发达，居民素质较高，特别是作为一个新移民城市，市民受教育程度与新疆其他城市市民相比相对较高。也正因为这样，克拉玛依既是石油城市，也因为石油而成为为梦“加油”的地方。中国梦的本质内涵就是民族复兴、国家富强、人民富裕的现代化之梦，而现代化的血液就是石油。所以说，克拉玛依是为梦“加油”的地方。基于以上几点分析，克拉玛依在西部城市群的城市外交中处于前沿地带，而同时又由于克拉玛依是亚洲最大的炼油厂，中国与中亚的能源合作绝对绕不开克拉玛依。就这一点而言，克拉玛依因其独特的产业而成为中国城市外交高地。2010 年，克拉玛依提出了打造“世界石油城”战略，其实质就是要加快转型发展，从“资源立市”转变为可持续发展的“多业兴市”的发展方式。致力于打造“国际化区域中心城市”的克拉玛依，因为不断扩大的国际友好交往，与世界的距离越来越近。巴基斯坦瓜达尔区、哈萨克斯坦阿克托别市、哈萨克斯坦阿克套市、俄罗斯伊斯基季姆市、蒙古国乌兰巴托市等都是克拉玛依的友好城市。这也意味着作为一个非常年轻的西部地级城市，克拉玛依的朋友圈正在不断扩大。

第十一章 国际公共产品与城市影响力

一个城市拥有国际公共产品的数量将在一个层面上反映一个城市的影响力。这个数量越多，城市的全球影响力就越大。我们可以看到这样一个事实：绝大多数国家的首都知名度往往比统一国家内的其他城市知名度高。当然也有例外，如澳大利亚的首都堪培拉的知名度不如悉尼、墨尔本。这是因为堪培拉是两种力量妥协后而新建的首都。这种做法是步美国之后尘，华盛顿也是美国南北两种势力妥协后而建立的一个新兴城市，仅作首都之用。然而，堪培拉在澳大利亚的城市地位却不如华盛顿在美国的城市地位。这主要是因为美国是世界超级大国，华盛顿作为美国的政治中心，它自然就会产生世界影响力。而堪培拉也就只是澳大利亚的政治中心而已，其影响力也就只限于澳大利亚。国家的首都之所以具有超乎一般城市的影响力，正是因为首都因政治特殊功能而优先获得该国设立的国际公共产品。除去首都之外，其他城市也有一些特殊的国际公共产品，也会因这些国际公共产品而获得国家影响力。正是这样的原因，中国各省会城市乃至别的类型的城市都试图构建相应的国际公共产品，以提升城市的国家知名度和影响力。

一、中国国际进口博览会：上海的新型国际公共产品

作为中国的国际性大都市，上海一直积极主动地在打造国际公共产品。比较早并一直延续下来的有“世界中国学论坛”，这是始于2004年的重要学术公共产品，由国务院新闻办公室和上海市人民政府共同主办，上海社会科学院和上海市人民政府新闻办公室联合承办，

是一个高层次、全方位、开放性的学术论坛。论坛旨在为海内外中国学研究界提供对话渠道和交流平台，反映中国学研究的动态与趋势，鼓励观点创新，推动学术繁荣，增进中国与世界的相互了解，建设具有世界影响力的中国学术共同体，也是一个学术型的国际公共产品。另一个是“陆家嘴论坛”，这是一个金融领域的国际性论坛。从 2008 年开始，由上海市人民政府、中国人民银行、中国银行保险监督管理委员会、中国证券监督管理委员会共同主办。“陆家嘴论坛”已经成为具有广泛影响力的国际性高端对话平台，也是中国金融走向世界舞台的一张亮丽名片。“陆家嘴论坛”目的是汇聚海内外专家、学者、监管人员共同探讨当前经济热点以及如何建立上海金融大都市。这是一个兼具学术与行业的国际公共产品。这里要特别谈谈中国国际进口博览会，简称“进博会”这个新兴的国际公共产品。进博会的举办是国家行为，它由中华人民共和国商务部、上海市人民政府主办，由中国国际进口博览局、国家会展中心（上海）承办，是世界上第一个以进口为主题的大型国家级展会，旨在坚定支持贸易自由化和经济全球化、主动向世界开放市场。因此，中国国际进博会就成为上海的国际公共产品。从 2018 年举办第一届以来，进博会就产生了重大的国际影响。一个重要的原因在于，在全球经济处于低迷的形势下，进博会促进了中国对世界商品的采购，有力地促进了国际贸易。当然，最初国际进博会被认为只是为了促进买卖，即“买全球”和“卖全球”，但实际上这是中国政府努力打造的全球经济合作的全新平台，是一种全新的国际公共产品。

我们首先来看进博会的主要功能。中国融入全球化进程以后遭遇到不少舆论压力。一种观点认为，中国是全球化的搭便车者。西方舆论界大多都认为，中国加入世界贸易组织以后迅速崛起，而西方却陷入了相对衰落的境地。在西方看来，中国的崛起正是因为搭乘了全球化的便车，使其在全球化进程中成为最大的获益者。中国的确是全球化进程中最大的获益者，这一点连中国自己都会承认，因为不融入全球化体系和进程，中国就不可能迅速崛起。这也恰恰证明当年邓小平判断的正确性和前瞻性，即中国的发展离不开世界。也正是因为对外开放促进了中国内部的改革，使得中国的改革从全球化的国际公共产品中不断地学习国际规则和运用规则，当然也在此过程中不断修正那些不公正、不公平的国际规则。因此，说中国是全球化的搭便车者显然是不公平、不客观的。另一种观点认为，中国是不负责任的。这种观点源于佐立克提出的“中国责任论”，其目的在于指出，中国已经被纳入国际体系之内，国际社会要敦促中国承担相应的国际责任。实际上佐立克并不了解中国，早在 20 世纪 80 年代邓小平与时任联合国秘书长德奎利亚尔谈话时就说过：“中国是联合国安理会常任理事国，中国理解自己的责任。有两条大家是信得过的，一条是坚持原则，一条是讲话算数。”这实际上就是对中国责任的阐释，只是西方政要甚至是学术界并不理解邓小平所阐述的“中国责任”。刚刚改革开放的时候，中国是负责任的；中国快速崛起的过程中同样是负责任的。尤其是在世界经济遭遇金融危机的时候，中国的表现更加体现了中国的责任。例如在 1997 年亚洲金融危机的时候，中国承诺人民币不贬值；2008 年金融危机，中国同样出手救市。然而，自 2008 年金融危机以来，全球经济形势面临的问题不断叠加。2012 年世界经济有所复苏，但微弱的复苏势头被美国特朗普政府的退群效应所引发的全球化震荡所打消。随后，特朗普政府对中国挑起的贸易战，引发了世界经济的严重震荡。在这种情形下，舆论普遍认为全球化停滞了，全球治理失效了……当然，更有观点认为当前经济的复苏与发展更加需要创新。

事实上，中国的崛起不仅为世界提供了新的理念，也提供了新价值，更直接创新了国际公共产品。进博会就是中国创新的国际公共产品。尽管美国推行贸易保护主义，且对中国经济乃至世界经济都产生了巨大的负面影响，但中国通过“一带一路”和进博会有力地拉动了世界经济尤其是国际贸易，为全球经济的复苏注入了强劲的活力。

从进博会的效果来看，进博会的功能性效果就在于：促进了经济自由化和经济全球化。进博会已经成为中国主动开放市场促进世界经济合作的平台。来自世界各国的商品都入驻进博会，相互进行交易和订购，形成了国内经济和国际经济两个循环的良性互动。其实，“一带一路”最开始就是为促进国内互联互通而提出来的，目的就是要提高中国对外开放水平，完善中国对外开放格局。为此，中国倡导要与欧亚各国之间加强联系，共同推进新丝绸之路经济带建设和 21 世纪海上丝绸之路建设。党的十九大还指出，中国社会主要矛盾已经转化为人民日益增长的美好生活需要和不平衡不充分的发展之间的矛盾，要解决这个矛盾也需要加强内部、外部的互联互通，推进“一带一路”建设，以构筑内部循环与外部循环有机统一的基础设施和经济基础。

进博会的重要溢出效应就是很快形成了一种新型的国际公共产品。首先，进博会已经成为一个世界共享的平台。进博会是中国搭建、世界共享的平台，这个平台秉承了“一带一路”倡议“共商共建共享”的理念。“共商”所体现的是平等性，虽然是中国搭建，但并不是中国能够单方面推进，需要与各方商量、各方参与。“共建”体现的是协作性，战后所有的国际公共产品从来没有“共建”的原则，而是大国提供、中小国家接受或者是“消费”；进博会则是在“共商”基础上共同建设，不是中国单方面的实践，也不是中国单方面供给。

“共享”体现的是共赢性。战后国际公共产品虽然免不了通过搭便车的方式来获得增益，但客观上并非体现共赢性，主要还是体现提供者单方面的收益；但是，进博会则是在平等的交易中实现各方共赢。其次，进博会已经成为多元文化交流的平台。进博会因贸易而起，将因跨文化交流而兴。中国商品、中国资本、中国相应的市场要素流向世界各地，如果仅仅是这样，会形成一种非常大的贸易顺差，在这种情况下就会导致外界所说的只是中国获利的一个倡议。如何体现共赢性呢？进博会是以“贸易畅通”为前提的，各国的商品通过班列、航运等渠道来参展、销售、订购等，使进博会对世界经济产生了巨大的拉动效应。不过，“中国购买”与“中国销售”，不只是商品的进出口，更是文化的跨境流动，任何商品所承载的不只是有形的使用价值，而且也包含了文化等精神层面无形的价值。跨文化交流因促进了“民心相通”而进一步促进各国的经济贸易合作。“一带一路”倡议提出来以后，在经济走出去的前提下，国内学者在倡导文化“走出去”的方面似乎比较多，而在文化“请进来”方面谈得似乎比较少。实际上，文化要素的方向流动，即外部文化要素流进来同样也可以提升内部文化的影响力和传播力。古今中外有大量的案例提供了这方面的佐证。最后，进博会为全球经济治理制度的创新提供了新的想象。战后以来的全球经济治理，实际上是大国主导下的经济治理，具有不平等性，甚至是歧视性。进博会作为一种全新的国际公共产品则展现了一种全新的全球治理制度的可能。进博会呈现出一种全球治理制度创新的未来：为了狭隘的国家利益，还是为了人类共同的利益？很显然，进博会的实践体现了未来全球经济治理创新的新的价值目标：和平、合作、共赢、发展。因此，进博会的溢出效应，不仅仅是在经济上从一个行业溢出到另外一个领域，更重要的是从经济领域溢出到包括文化、制度等方面的领域里，同时也包括从上海、中国辐射到上海周边、全中国，乃至世界其他地区。

二、欧亚经济论坛：西安对接欧亚大陆的重要国际平台

在打造国际公共产品方面，西安也是一个非常积极的城市。西安是历史文化名城，在国际上的影响力和知名度都不错，但在经济发展方面的国际影响力相对有限。中国与中亚国家的关系历经了“上海五国”元首会晤机制和 2001 年建立的上海合作组织之后，建立了睦邻友好合作关系；中国和中亚五国经贸合作稳步发展，经过双方共同努力，中国与中亚国家的贸易额大幅度增长。2005 年 7 月，胡锦涛在出席上海合作组织峰会时指出，当前的国际形势迫切要求中国和上海合作组织其他成员进一步增进互信、加强团结，深化合作，尽快把合作潜力转化为现实成果，妥善应对国际和地区形势复杂变化带来的挑战。为此，除了要全力加强安全工作外，还需要扎实推动经济合作尽快取得实际成果。他特别提出要加强协调，加大投入，有步骤有重点地执行多边经贸合作纲要及其落实措施计划，尽快建立银行联合体，探索多边和双边相补充、政府和企业相结合的合作模式，推动上海合作组织同国际金融机构建立联系。在这个大背景下，由上海合作组织、国家开发银行和联合国亚太经社理事会主办，博鳌亚洲论坛协办，西安市人民政府和北京当代世界发展研究院承办的“首届欧亚经济论坛”在中国西安举行，力求从不同层面为促进中国和中亚地区的经济合作做出积极贡献。

欧亚经济论坛以“依托上合组织、服务‘一带一路’、促进地方发展”为宗旨，以“共建‘一带一路’”为目标，以“高端、特色、务实”为品牌定位，是政商学界对话的开放性国际平台，在推动“一带一路”沿线各国在加强互联互通、开展国际产能合作、搭建投资贸易平台等方面取得丰硕成果。历届论坛聚焦“一带一路”建设和上合组织地区合作优先领域以及欧亚国家共同关注的热点问题，设置论坛开幕式暨全体大会，金融、文化、旅游、科技、教育、生态等分会以及投资推介、项目对接等专题活动，邀请上海合作组织成员国、观察员国、对话伙伴国及丝绸之路经济带共建国家政要，国际组织代表，相关国家驻华使节，国内外友好城市代表及欧亚金融、科技、文化、生态、旅游、经贸、教育领域的政府决策者、大型企业负责人、知名人士及专家学者、媒体代表等齐聚西安，进行交流、洽谈合作，论坛规模逾千人。该论坛由陕西省人民政府和国家有关部委、国际组织等论坛组委会成员单位固定主办，西安市人民政府承办。因此，欧亚经济论坛就成为设立在西安的一个国际公共产品，也就成为西安城市软实力的一个重要载体和呈现。

上海合作组织已经提出了明确目标，即在实现贸易投资便利化的基础上建立自由贸易区。而城市无疑会在这一目标的实现过程中发挥主导作用，城市和地方政府的交流仅仅局限在10余个通往中亚国家的口岸集镇。而如何将中亚区域经济合作的影响逐步辐射到整个西部省区，是一个长期的过程。为此，上合组织提出了推动中国西部和其他中亚国家间包括城市在内的地方政府层次上的交流与合作，其中包括：其一，中国西部地区的城市化与俄罗斯、中亚地区的城市化进程不同，双方的城市管理者具有广泛的交流学习空间；其二，中国西部地区和中亚地区不仅自然气候相同，文化宗教信仰接近，同时都存在资源型城市集中，重工业城市集中的特点，如何在这些城市的产业升级、环境保护等方面开展工作，这是双方共同面临的问题和挑战；其三，双方的城市都是双方各自的经济、文化、教育中心，一些城市还具有很强的特色，例如西安具有丰富的旅游资源，科学和教育设施发达，中亚一些城市的化学工业发达等。如果能在城市管理者之间建立起一个沟通和交流的平台，不仅有利于推动本地经济的发展，也必会大大推动自由贸易区的建设。

一方面，在借助于欧亚经济论坛促进中国与中亚、俄罗斯城市交流、促进未来自贸区建设方面，西安市发挥非常重要的作用；另一方面，西安市还在“一带一路”框架内为中欧班列提供强有力的保障方面也扮演了关键角色，这是由西安所处的位置决定的。也正因为这个重要角色，西安市也拥有了一项特殊的国际公共产品：为中欧班列提供有效保障的新筑火车站。

自 2013 年 11 月 28 日陕西第一列中欧班列开出以来，西安新筑车站中欧班列已经开通了多条国际班列线路，从西安新筑车站的统计情况可以看出中欧班列的猛增势头，2013 年只有 3 列，2016 年达到 139 列，到 2018 年 6 月 20 日，已经开行 457 列。随着 10 月 30 日 X8001 次中欧班列的开出，陕西中欧班列 2008 年开行的数量首超 1000 列。而从全国的数量来看，中国各地开行的中欧班列累计已经超过 10000 列。根据国铁集团的数据，2022 年开行中欧班列 1.6 万列、发送 160 万标箱；2022 年仅长安号年开行量就突破 4000 列。疫情后，中欧班列依然保持增加的势头。中欧班列除了从成都、重庆出发的不经过西安新筑火车站外，其他的都要经过这个火车站。

也就是说，曾经从陕西西安出发，贯穿千年驼铃声声的丝路通道，如今已经变成一条立体多维的宏大铁路走廊，现在的陕西西安，正依托铁路运输载体，为丝绸之路经济带建设提供互联互通的重要动力，“一带一路”已经成为陕西与国内、陕西与世界资源共享、共同繁荣的发展之路。而新筑车站，也受到社会媒体的广泛关注。新筑车站积极与地方港务区、海关、国检多次协调联合办公，打通了出口中亚、中欧的铁路运输通道，联手打造了“公路、铁路、海运”多式联运的“中亚、中欧、青岛”班列品牌。新筑火车站之所以能够做到这一点，是因为其一，新筑车站拥有独特的区位优势。它位于陇海线—兰新线上，除了“渝新欧”班列外，内地几乎所有向西开往欧亚大陆的班列都要经过西安新筑车站。因而，新筑也就成为中欧班列中最重要的交通枢纽。反过来，从欧亚大陆返回来的班列也必须要通过陕西才能辐射至甘肃、宁夏、山东、江苏、河北、上海、浙江等地。其二，新筑有最先进的技术和丰富的经验。中欧班列大多数是超限货物运输，为确保超限货物，特别是欧亚班列运输安全，西安西站从全站范围抽调专业技术扎实、实践经验丰富、综合素质全面的干部职工投身新筑车站国际班列运输组织工作，他们利用现有技术，认真钻研微积分、线性代数等高难度的数学课程，提高业务水平。对于运输少数“超限王”沿途经过的车站、线路有效长、高柱信号机、矮柱信号机的距离、位置等影响运输安全的因素，管理人员更是娴熟于心，各项技术指标和装载加固方案名列全路三大超限货物运输站之首。其三，新筑车站高质量的服务。为了帮助国内优质产能完成转移，为今后其他产品对外出口创造良好的外部条件，新筑车站提出了“零误差、高效率，精准运输”的服务口号。为了避免任何误差造成损失，新筑车站工作人员每次都要反复测量，精确计算，核查资料，用高度敬业负责的精细管理确保安全。

最初，在中欧班列开行的时候，有不少观察者认为，这不过是政府的“形象工程”，不可能持续下去；加之，为了更好地推进中欧班列服务“一带一路”，中国政府采取了适当的补贴，这更强化了某些观察家的观点。实际上，这是一个严重的错觉。诚然，在开行之初，由于主客观方面的因素，中欧班列运行并不顺利，也的确存在着满车而去空车而归的现象。但是，后来中欧班列的发展情况却完全出乎意料，中欧班列不仅提高了运能，也越来越趋于双向均衡运输；而且，在促进欧亚大陆各国之间贸易畅通方面发挥了非常积极的作用。这些都归因于以下几个方面：一是在政策沟通的前提下加强沿线相关国家的实际调研。中欧班列能够顺利开通，首先是因为沿线相关国家与中国签署了“一带一路”合作的框架协议，这是最重要的前提。但是，班列的开通必须要有相互需要的货物，为此，包括中国铁路西安局集团有限公司在内的中国铁路总公司下属所有有意向开行中欧班列的公司，都做了大量的实践调研，并从本地区的实际情况出发，尤其是充分调研了贸易互补性的情况，才大胆地开行班列的。二是不断丰富中欧班列运送货物品类，在确保去程货物质量的同时，促进回程班列比例不断提高。这一方面最重要的是要拓展进出口货源，根据货源吸引去来规划相关通道，其中西部通道，主要吸引中国中西部地区进出口货源，从阿拉山口—霍尔果斯湖出入境，途经哈萨克斯坦、俄罗斯、白俄罗斯；西部南通道也是从阿拉山口—霍尔果斯湖口岸出入境，经哈萨克斯坦、乌兹别克斯坦、土库曼斯坦、伊朗、土耳其（或者哈萨克斯坦、阿塞拜疆、亚美尼亚、格鲁吉亚、土耳其）到达欧洲。中部通道，主要吸引华北、华中地区的进出口货物，从二连浩特出入境，途经蒙古国、俄罗斯、白俄罗斯。东部通道，主要吸引华东、华南、东北地区进出口货源，从满洲里出入境，途经俄罗斯、白俄罗斯。三是及时优化国内运行图和不断推进跨境运行图的贯通。根据上述三个通道，对始发于各地的中欧班列根据实际情况进行优化运行图。

中欧班列发展迅速，但为了更好地服务“一带一路”建设，使之在助力“一带一路”的贸易畅通中发挥持久不衰的功能，中欧班列从以下几个方面不断提升服务质量：一是不断扩大服务范围。虽然国内开行的城市和欧洲开行的国家和城市都在不断增多，但依然有挖掘的潜力，包括运行的线路也可以根据与相关国家贸易关系的日益紧密而不断开行新的路线。二是不断提升开行的品质质量。为了促进中国与共建国家的贸易深度发展，必须确保中欧班列开行的品质质量，班列开行的品质质量是衡量中国与共建国家贸易关系的重要指标之一。三是不断打造中欧班列品牌形象。经过数年的磨合，中欧班列已经形成了相关共建国家统一的品牌，中欧班列品牌标识于 2016 年 6 月 8 日正式启用，同步组织了统一品牌中欧班列从国内重庆、成都、郑州、武汉、长沙、苏州、东莞、义乌 8 个城市首发和欧洲首达仪式。下一步的目标是，借助于当前中欧班列的发展势头，利用欧亚大陆的各种平台，积极推介中欧班列产品，不断扩大中欧班列影响力，促进中欧班列品牌效应提升。

三、广交会与广州的城市形象提升

广交会即“中国进出口商品交易会”（The China Import and Export Fair，简称：广交会），更是一个有着悠久历史的国际公共产品。它创办于 1957 年 4 月，迄今已经有 60 多年，60 多年来，广交会通过促进中国对外贸易而大大提升了广州的城市形象，作为一个中国与世界进行进出口商品交易的平台，广交会已经发展成为一个非常重要的国际公共产品。

广交会的创办有特殊的历史背景，1949 年 11 月，新中国刚刚成立，在美国提议下，一个实行禁运和贸易限制的国际组织“输出管制统筹委员会”在巴黎秘密成立，主要是对社会主义国家实行技术禁运；1951 年，正值朝鲜战争，美国操控联合国通过对中国实行“禁运”提案。为了打破封锁、发展对外贸易、换取国家建设急需的外汇，新中国决定在近邻港澳、有着悠久对外贸易历史的广州创办广交会。1957 年 4 月，广交会正式创办，每年春秋两季在广州举办，由商务部和广东省人民政府联合主办，中国对外贸易中心承办，这是中国历史最长、层次最高、规模最大、商品种类最全、到会采购商最多且分布国别地区最广、成交效果最好的综合性国际贸易盛会，被誉为“中国第一展”。第一届广交会成功创办，迅速成为中国出口创汇的主渠道，开辟了一条中国与世界交往的通道。从 1965 年开始，广交会年出口成交占全国外贸年出口总额的 30%以上，1972 年、1973 年，占比均超过 50%。几十年里，广交会会址几经迁移，展馆面积增加了几十倍，规模逐步扩大、影响力日益提升。自 2007 年春季第 101 届开始，为促进贸易平衡，广交会开始设立进口展区，正式更名为“中国进出口商品交易会”。广交会成为新中国冲破西方经济封锁与政治孤立，打开通向世界大门，与各国平等互利、互通有无，对外贸易的时代窗口。2021 年 10 月，第 130 届广交会如期而至，在疫情肆虐之下，中国依然坚持“广交世界互利天下”的目的，进一步推进中国的对外开放和继续全面融入世界，这的确为世界各国发展增添了新的动力。

20 世纪 70 年代末，邓小平推行的对外开放是从四个特区开始的，然后是十四个沿海开放城市，沿海沿江开放开发区，从而形成了一个多层次、全方位的开放格局。值得注意的是，最早的四个经济特区，其中三个在广东省，这不仅与广东的地理位置有关，更重要的是在广州数十年举办的广交会使广东更早地接触甚至熟悉了国际市场经济的相关制度和规则，因而最初的对外开放必然以广东的城市为重点。李克强在 2021 年 10 月出席第 130 届广交会开幕式并发表主旨演讲时就强调："一部广交会的历史，就是中国不断扩大对外开放，融入世界经济的历史。"虽然中国的对外开放战略始于 20 世纪 70 年代末，但广州实际上从广交会开始就已经是一个开放型城市，因而广州是新中国最早的开放城市。

广州素有"千年商都"之称，是中国对外贸易的窗口和门户。"一带一路"倡议提出后，广州因其特殊的历史和地缘优势而必然成为"一带一路"沿线的核心枢纽城市，也是"一带一路"入境商务旅游最重要的集散中心。有学者进行了相关的问卷调查，基于商务旅游者视角的分析，认为"广交会"早就已经成为广州城市形象最为突出的符号。当然，广交会与"一带一路"是相互促进的，一方面，广交会长期以来所形成的贸易关系，已经成为中国与"一带一路"共建国家发展友好关系的纽带，也有利于深化与"一带一路"共建国家的经贸合作；另一方面，2008 年金融危机之后，全球经济处于低迷，广交会也同样遭遇"寒流"，成交额、采购商都出现"双降"。然而，"一带一路"倡议提出后，很快就助力广交会回暖。这主要得益于来自"一带一路"共建国家的客商积极参加广交会，最终统计的相关数据证明了这个情况。

四、中国—东盟博览会与南宁的对外开放

改革开放初期，按照邓小平的设计，中国的现代化发展战略是允许一部分人、一部分地区先富起来，然后先富带动后富，最终走向共同富裕。对外开放的情况尤其突出，首先从四个特区的开放开始，然后是十四个沿海开放城市，沿海沿江开放开发区，从而形成了一个多层次、全方位的开放格局。对外开放的主要形式是“筑巢引凤”，即引进外资来推进中国的内部改革和对外开放。实际上，这种对外开放尽管取得了卓越的成效，但其开放是非常有限的。特别是内陆地区和中西部地区的开放更是受到诸多限制。过去 40 年中国之所以采取不平衡发展战略，一个重要的原因是，中国当时的资源非常有限，经济短缺、资金严重不足。换言之，改革的初始成本严重短缺，不足以整体性地推进中国的现代化建设。因此，只能把政策资源和经济资源投入到区位优势好，条件也相对好的地方。当然，即便是不平衡发展的推进战略也使中国社会实现了普遍性的收益。

但是，40 多年的现代化建设客观上也产生了一些地区差距拉大的现象，东南沿海地区越来越发达，而中西部地区相对落后，中国经济发展出现了严重的二元现象，东南沿海地区发展快，而中西部地区发展缓慢。这种情形在 21 世纪已经越来越凸显出弊病，越来越成为中国现代化的障碍。如果中国的现代化长期存在这种发展的二元现象，那么不仅会导致贫富严重分化，而且还会引发各种社会矛盾。如果是这样，那么就如邓小平所说的，中国就走向了资本主义，中国的改革开放就失败了。鉴于此，中国需要新的对外开放，或者说是对外开放

的升级版。“一带一路”倡议，从中国内部来看，就是消除中国发展二元现象的对外开放 2.0 版。2.0 版就是中国现代化从不平衡发展到追求平衡发展战略的转变。

南宁市从地理性质上来看属于中国的中西部城市，但它离海（北部湾）并不远，实际上处于中国海陆城市的交汇点，兼有两种性质，所以非常特殊。长期以来，南宁在国际上的关注度并不高，即使是在中国南宁的知名度也不高。然而，随着中国—东盟博览会（简称“东博会”）在南宁的举办，而且南宁成为东博会永久会址，南宁的地位骤然突出。2013 年，“一带一路”倡议提出后，南宁又成为中国—中南半岛经济走廊上的枢纽城市。这也就意味着南宁成为中国对外开放 2.0 版的前沿城市，并发挥着至关重要的作用。

“东博会”是随着中国—东盟自贸区的建立而创办起来的。2002 年 11 月，在柬埔寨金边召开的第六次中国—东盟“10＋1”领导人会议上，中国与东盟领导人签署了《中国—东盟全面经济合作框架协议》，共同启动了中国—东盟自由贸易区的建设进程。2003 年 10 月 8 日，国务院总理温家宝在第七次中国与东盟（10＋1）领导人会议上倡议，从 2004 年起每年在中国南宁举办中国—东盟博览会，同期举办中国—东盟商务与投资峰会。这一倡议得到了东盟 10 国领导人的普遍欢迎。根据《中国—东盟全面经济合作框架协议》，2004 年 1 月 1 日，中国—东盟自由贸易区的先期成果“早期收获计划”开始实施。中国—东盟自由贸易区建设启动以来，中国与东盟的双边贸易额增长迅速。2004 年，中国—东盟贸易额达到 1059 亿美元，提前一年实现了突破 1000 亿美元的目标。2005 年、2006 年双边贸易额每年净增近 300 亿美元。2007 年达到 2025.5 亿美元，比上年增长 25.9%，提前三年实现了突破 2000 亿美元的目标。2008 年，双边贸易额达

2311.2亿美元，同比增长13.9%。尽管受疫情影响严重，但2022年中国与东盟进出口规模达6.52万亿元（人民币），同比增长15%，其中出口3.79万亿元，增长21.7%；进口2.73万亿元，增长6.8%。同期，东盟占中国外贸比重较2021年上升了1个百分点，达15.5%。实际上，东盟已经多年保持中国第一大贸易伙伴地位。中国—东盟博览会以中国—东盟自贸区为依托。自贸区建设的成果为博览会持续发展提供了内在的市场动力。同时，博览会为企业分享自贸区建设成果，进一步开拓市场，提供了难得的好平台。除“东博会”之外，以“东博会”为母体，中国—东盟自贸区国家还打造了中国—东盟文化论坛、中国—东盟博览会文化展等次级平台，这些平台对推动南宁文化产业“走出去”，进一步挖掘和丰富南宁的历史文化内涵，用好山水城市、民族特色、东南亚文化和传统风貌，实施城市建设精品路线，提升城市“精气神”等方面发挥了重要作用。

作为东博会的举办地，南宁成为广西北部湾经济区的核心城市，中国（南宁）—新加坡经济走廊的起点城市和先导示范区，国家批准在南宁设立西南最大的“无税港”——南宁保税物流中心；另一方面，每届东博会期间国家各部委围绕贸易、投资、旅游、金融、海关、电信、港口、农业、科技、质检、妇女、青年、人力资源等领域，举办一系列高层次会议和论坛，通过了一系列以“南宁”为开头命名的会议文件（《南宁共识》《南宁联合宣言》《南宁倡议》），建立了一系列合作机制（质检部长磋商合作机制、金融合作机制、智库战略对话机制等），形成了中国与东盟交流合作的重要成果，被学术界称为“南宁渠道”。“南宁渠道”推动了一大批国家级重大项目和合作基地落户南宁，如中国—东盟信息港、中国—

东盟企业家联合会、中国—东盟港口城市合作网络、中国—东盟商品交易中心、中国—东盟教育培训中心、中国—东盟妇女培训中心、中国—东盟青少年培养基地等。越南、泰国、柬埔寨、老挝、缅甸、马来西亚6个东盟国家在南宁设立了领事馆。东博会为南宁带来的政治收益在提升南宁对外开放合作地位和推动城市发展方面发挥了重要作用。

通过承办东博会，南宁市承办大型活动的各方面能力得到不断提升；出租车等服务行业开展了业务培训提升服务能力和业务水平；南宁市民视野更加开阔，增强了创新意识和能力，提升了开放、包容的精神和意识，在思想观念上为南宁发展和对外开放提供了“素质文明”支撑。其次，就业是社会稳定的重要因素。展会带动就业的一般性结论是得到业内充分肯定的。东博会的举办，将南宁从“默默无闻”的边陲城市推到了世界“聚光灯”下，媒体评论为“时代选择了南宁”“世界发现了南宁”。每届东博会吸引的国家元首和各界人士对南宁的口碑，成为南宁对外开放形象的有力推介；中外媒体常年云集南宁，关注和报道南宁，使南宁的知名度和国际影响力不断提升。东博会的经济效益和展会规模对南宁经济发展和对外开放具有促进作用。

总之，“东博会”不仅造就了南宁，而且也为广西的经济注入了新鲜的活力；东博会每年都吸引了大批世界各地的商人，在展会上印尼的咖啡、老挝的家具、巴基斯坦的手工地毯等，世界各地的产品在这里布展让人目不暇接，所以东博会提升了广西和南宁的世界知名度；东博会为南宁这个城市的经济注入了新的活力，为南宁新的经济发展打下了很好的基础。

结束语

亚里士多德指出："一切社会团体的建立，其目的总是为了完成某些善业——所有人类的每一种作为，在他们看来，其本意总是在追求某一善果。既然一切社会团体都以善业为目的，那么我们也可以说社会团体中最高而包含最广泛的一种，它所追求的善业也一定是最高而最广的：这种至高而广涵的社会团体就是'城邦'。"既然"城邦"被亚里士多德视为"至高而广涵的社会团体"，那么进入现代社会的城市就应该是人类文明程度最高的地方。

第一，城市应该是物质文明水平发展最高的地方。正如前面所说的，城市——无论是战争的属性还是经济的属性——必然是物质财富最为集中的地方。从战争属性来看，城市的物质财富不仅决定了战争必要的物质供给，而且还在相当大程度上决定了城市居民的命运，当然也就决定了城市的未来。在人类文明史中，有的城市的确一直延续下来了，但也有相当多的城市在历史的长河中消失了。这当然是多种原因所致，但肯定有气候环境的重大变化，但更有因战争物资准备不足而被摧毁——不仅摧毁了城池，而且还把城市居民也都掳走或杀光。从经济属性来看，城市是人口聚居的地方，人们要生活就必须有满足市民生活的物质资源。人们之所以来到城市并在这里定居，是因为城市为人们提供了获得物质资源的机会，能够比在其他地方更能获得基本物质生活的保障。简言之，一个城市吸引一批人定居其中，首先就是因为城市的物质资源、物质财富。这就是约瑟夫·奈所说的，有形的资源也可以产生软实力。城市越是强大，对人的吸引力就越强。由于有足够的物资保障，城市也会在市政建设、文化设施等方面有更多、更大的投入，以便为市民提供更优质的服务。一个贫困的城市绝对不会对人们产生任何吸引力。

第二，城市应该是精神文化水平更高的地方。一方面，城市记录文化的工具多和技术先进，城市之外的文化记录方式都只能靠建筑、桥梁等实物，几乎没有文字记录。另一方面，文化精英也即知识生产者绝大多数生活在城市，他们以文字记录文化的变迁，更以文字进行作品创作和知识生产，积累了大量的和各种各样的文化元素，这也是城市文化底蕴深厚的重要原因。我们还发现一个现象，尽管有诸如竹林七贤之类的文人纵情于山水之间，也有众多文人墨客挥毫于江湖之远，但自古及今受到良好教育的知识精英一般都聚居于城市，从而使城市的文化和文明程度都要高于农村。人们更向往城市的生活，就是因为城市使人在文明的陶冶之下获得愉悦与幸福。

第三，城市应该是制度文明最发达的地方。城市有比较良好的秩序，是因为城市是有制度规训的。制度始于城市的物质交易关系，然后扩溢到城市的其他各个领域，当然更重要的是这些制度最终都上升为城市的法律制度。人类摆脱自然状态进入社会状态的重要标志就是制度文明的诞生；而且，人类社会的每一个进步都伴随着制度文明水平的提高。在制度文明发展的过程中，有的制度是自然演进的，而有的制度则是人为强制推行的，但不管怎样，制度都为秩序服务。正是制度创造了秩序，这在城市与乡村的比较中显得尤为突出。一个社会的良好秩序也正是人们所向往的社会，一个城市拥有了良好的秩序，也同样会对人们产生吸引力。完善的制度是城市治理的依据，治理才能创建秩序，秩序是城市的善治。

第四，城市市民应该是文明素质较高的社会成员。城市市民与乡下居民相比较，城市市民的文明素质自然是要更高一些。笔者在这里没有任何的歧视，而是说了一个客观事实。一方面，城市的制度对市民进行强制且有效的规训；另一方面，市民在城市中获得教育不仅机会多而且质量也高。另外，由于城市的开放程度高，市民从外界所获得信息也更多，因而市民一般来说都见多识广。当然，质朴、厚道则是乡下人的优点，但在行为文化方面无法与市民整体素质相比。我们还会发现这样一个事实，从改革开放以来，大量的农村青壮年到城市务工，由于乡村文化与城市文化的冲突或者说不适应性，有不少人就不得不退回乡村。相反，众多的人则很快接受了城市文明的改造，自觉地提升了自己的文明素养，从而融入城市之中。

基于上述四个方面的情况和前面内容的分析，我们完全可以得出这样一个结论：乡村也有软实力，但由于乡村缺乏上述四个方面的优势，其软实力没有持久性，只能在短期内获得人们的青睐和点赞，但一旦居于乡村时间长了就会产生厌倦甚至反感。相反，城市的软实力则具有持久性的功效，因为城市在提升自身软实力方面不会一蹴而就，总会通过促进物质财富的发展、加强制度建设、增强文化魅力和提升市民素质等，来保持城市持久不衰的活力和魅力。也正因为如此，城市为每一个人都提供成就人生梦想、实现人生价值的机会和舞台。

由此可见，城市软实力建设不是一个口号、一次会议、一次运动，而是久久为功的，也不是单独靠政府来推动的，而是靠全社会、每一个人的日常行为推动的。所谓“人人都是软实力”，就是指每一个人的日常行为都被城市所记录下来，并且成为城市的文化元素；每一个市民的言行举止都呈现出城市形象的一个侧面。俗话说，一方水土养一方人。当一个城市的市民走出城市到达一个陌生的地方时，陌生人往往会通过这个人的言行举止来猜测这个人是哪里的或者是哪个城市的，而且往往能够猜得八九不离十。这时候，城市形象就通过这个人而映入陌生人的心中，从而使陌生人对这个城市构塑出一个形象。因此，有人根据余英时所说的“我在哪里，中国就在哪里”效仿说“我在哪里，城市就在哪里”。从城市形象构建的角度来说，这一点也不假。

国家实力包括硬实力和软实力，但硬实力和软实力并没有明确的边界。城市的实力也是一样，虽然这里所探讨的是城市软实力，但这个话题实际上也覆盖了城市硬实力。因此，当我们强调城市软实力建设的时候，并不是要把城市硬实力建设放在一边不再提了。相反，若要使城市软实力有实质性的提升，则绝对不能忽视城市硬实力的基础性作用。既要一如既往地发展经济，又要兼顾文化发展、制度建设，以及不断改善营商环境，那么城市的发展才真正步入高质量发展阶段。城市的高质量发展，才会体现出“城市，让生活更美好”这个千年不过时的主题。

参考文献

［1］门洪华：《中国：软实力方略》，浙江人民出版社 2007 年版。

［2］马勇：《近代中国文化诸问题》，东方出版中心 2008 年版。

［3］田丰、肖海鹏、夏辉：《文化竞争力研究》，中国社会科学出版社 2007 年版。

［4］花建等：《文化力：先进文化的内涵与 21 世纪中国和平发展的文化动力》，上海文艺出版社、百家出版社 2006 年版。

［5］李智：《文化外交：一种传播学的解读》，北京大学出版社 2005 年版。

［6］胡键：《中国软实力研究》，天津人民出版社 2018 年版。

［7］胡键：《中国文化软实力评估及增进方略研究》，天津人民出版社 2020 年版。

［8］钱穆：《中国文化史导论》，商务印书馆 1994 年版。

［9］高占祥：《文化力》，北京大学出版社 2008 年版。

［10］唐代兴：《文化软实力战略研究》，人民出版社 2008 年版。

［11］黄硕风：《综合国力新论——兼论新中国综合国力》，中国社会科学出版社 1999 年版。

［12］龚铁鹰《软权力的系统分析》，天津人民出版社 2008 年版。

［13］梁漱溟：《中国文化要义》，学林出版社 1987 年版。

［14］童世骏：《文化软实力》，重庆出版社 2008 年版。

［15］上海社会科学院课题组：《城市软实力指标体系研究》，上海人民出版社 2022 年版。

［16］陶建杰：《传媒与城市软实力》，上海交通大学出版社 2011 年版。

［17］陶建杰：《城市软实力评价指标体系的构建和运用》，《中州学刊》2010 年第 3 期。

［18］杨正洪：《智慧城市：大数据、物联网和云计算之应用》，清华大学出版社 2014 年版。

［19］叶自成：《说柔、用柔、柔实力》，《社会科学》2017 年第 3 期。

［20］叶淑兰：《文化软实力：生成与借鉴》，《社会科学》2015 年第 2 期。

［21］朱其静、陆林：《商务会展旅游视角广州形象分析评估》，《旅游论坛》2016 年第 1 期。

［22］任远：《城市病和高密度城市的精细化管理》，《社会科学》2018 年第 5 期。

［23］刘德斌：《软权力：美国霸权的挑战与启示》，《吉林大学社会科学学报》2001 年第 3 期。

［24］杜振华：《大数据应用中数据确权问题探究》，《移动通信》2015 年第 13 期。

［25］李威利：《空间单位化：城市基层治理中的政党动员与空间治理》，《马克思主义与现实》2018 年第 6 期。

［26］李德智：《大数据时代的城市化精细化管理》，《现代管理科学》2018 年第 12 期。

［27］杨张博：《大数据交易中的数据所有权研究》，《情报理论与实践》2017 年第 12 期。

［28］吴伟光：《大数据技术下个人数据信息实权保护论批判》，《政治与法律》2016 年第 7 期。

［29］吴耀欢、赵文婷：《当前我国历史城市文化遗存保护中存在的问题与对策》，《开封大学学报》2016 年第 3 期。

［30］宋刚、张南、朱慧：《城市管理复杂性与基于大数据的应对

策略研究》，《城市发展研究》2014 年第 8 期。

［31］张骥、桑红：《文化：国际政治中的“软权力”》，《社会主义研究》1999 年第 3 期。

［32］陆钢：《美国文化软实力的发展及其对中国的启示》，《社会科学》2015 年第 2 期。

［33］陈正良：《增强中国文化软实力论要》，《浙江社会科学》2008 年第 1 期。

［34］陈俊华：《大数据时代数据开放共享中的数据权利化问题研究》，《图书与情报》2018 年第 4 期。

［35］陈维：《中国城市外交：理念、制度与实践》，《公共外交季刊》2017 年第 2 期。

［36］陈锐等：《大数据时代的城市运行管理信息协同模式研究》，《中国科学院院刊》2014 年第 6 期。

［37］欧阳湘：《广交会对新时代“一带一路”建设的推动》，《特区经济》2019 年第 12 期。

［38］胡键：《大数据与公共管理的变革》，《行政论坛》2016 年第 6 期。

［39］胡键：《大数据技术与公共管理范式的转型》，《行政论坛》2018 年第 4 期。

［40］胡键：《大数据条件下的城市治理：数据规训及其反思》，《华东师范大学学报》（哲学社会科学版）2019 年第 5 期。

［41］胡键：《公共管理的伦理：从传统社会到大数据时代》，《中国行政管理》2019 年第 6 期。

［42］胡键：《文化软实力研究：中国的视角》，《社会科学》2011 年第 5 期。

［43］胡键：《软实力研究在中国：一个概念演进史的考察》，《国际观察》2018 年第 6 期。

［44］胡键：《软实力新论：构成、功能和发展规律——兼论中美软实力比较》，《社会科学》2009 年第 2 期。

［45］胡键：《城市软实力的构成要素、指标体系编制及其意义》，《探索与争鸣》2021 年第 7 期。

［46］胡键：《算法治理及其伦理》，《行政论坛》2021 年第 4 期。

［47］骆郁廷：《文化软实力：基于中国实践的话语创新》，《中国社会科学》2013 年第 1 期。

［48］莫谚珉：《论中国—东盟博览会与南宁城市旅游的发展》，《广西民族大学学报》（哲学社会科学版）2004 年第 6 期。

［49］贾文山等：《论新全球叙事学》，《西安交通大学学报》（社会科学版）2022 年第 5 期。

［50］贾磊磊：《主流文化体系的建构与国家文化软实力》，《电影艺术》2008 年第 1 期。

［51］徐剑：《构筑城市形象的全球识别系统》，《探索与争鸣》2021 年第 7 期。

［52］黄仁伟、胡键：《中国的和平发展道路与软力量建设》，《社会科学》2007 年第 7 期。

［53］阎学通、徐进：《中美软实力比较》，《现代国际关系》2008 年第 1 期。

［54］梁守德：《试析国际政治学的中国特色》，《国际政治研究》1994 年第 1 期。

［55］童世骏：《提高国家文化软实力：内涵、背景和任务》，《毛泽东邓小平理论研究》2008 年第 4 期。

［56］［美］马修·弗雷泽：《软实力：美国电影、流行乐、电视和快餐的全球统治》，刘满贵等译，新华出版社 2006 年版。

［57］［美］伊曼纽尔·沃勒斯坦：《美国实力的衰落》，谭荣根译，社会科学文献出版社 2007 年版。

［58］［美］约瑟夫·奈：《软力量：世界政坛成功之道》，吴晓辉、钱程译，东方出版社 2005 年版。

［59］［美］罗伯特·基欧汉、约瑟夫·奈：《权力与相互依赖》，门洪华译，北京大学出版社 2002 年版。

［60］［古希腊］亚里士多德：《政治学》，吴寿彭译，北京商务印书馆 1965 年版。

［61］［美］约瑟夫·奈：《硬权力与软权力》，门洪华译，北京大学出版社 2005 年版。

［62］［奥］维克多·迈尔·舍恩伯格、［法］肯尼斯·库克耶：《大数据时代：生活、工作与思维的变革》，盛杨燕、周涛译，浙江人民出版社 2013 年版。

［63］Aaron L. Friedberg，"The Future of American Power，" Political Science Quarterly，Vol. 109，Spring 1994.

［64］Albert Keidel，"China's Growing Pains Should Hurt Us"，*The Washington Post*，July 24，2005.

［65］Bates Gill and Yanzhong Huang，"Sources and Limits of Chinese 'Soft Power'，" *Survival*，Vol. 48，No. 2，2006.

［66］Chin-Chuan Lee，"Established Pluralism：US Elite Media Discourse about China Policy，" *Journalism Studies*，Vol. 3，No. 3，2002.

［67］David Shambaugh，" Beijing Charms Its neighbors，"

International Herald Tribune, May 14, 2005.

[68] Edward Cody, "China's Quiet Rise Casts Wide Shadow," *Washington Pos*t, February 26, 2005.

[69] G. John Ikenberry, "The Rise of China and the Future of the West: Can the Liberal System Survive?" *Foreign Affairs*, Vol. 87, No. 1, 2008.

[70] John E. Rielly, *American Public Opinion and U.S. Foreign Policy*, The Chicago Council on Foreign Relations, 1995.

[71] John J. Mearsheimer, "China's Unpeaceful Rise", *Current History*, April 2006.

[72] John J. Mearsheimer, "The Gathering Storm: China's Challenge to US Power in Asia", *The Chinese Journal of International Politics*, Vol. 3, No. 4, Winter 2010.

[73] Joseph S. Nye, Jr., "Soft Power," *Foreign Policy*, Issue 80, Fall 1990.

[74] Joseph S. Nye, Jr., "The Changing Nature of World Power," *Political Science Quarterly*, Vol. 105, No. 2, 1990.

[75] Paul Krugman, "The Myth of Asia's Miracle," Foreign Affairs, Vol. 73, No. 6, 1994.